LES PRATIQUES DE L'ÉDUCATION / ÉCOLE

Série gestion mentale appliquée, dirigée par Michéle Verneyre

Chantal Piganeau

FRANÇAIS
CYCLE 3

GESTION MENTALE APPLIQUÉE

Préface de Antoine de La Garanderie

NATHAN
pédagogie

ISBN 2.09.177898.2

Préface

Chantal Piganeau a l'expérience des élèves, de leurs difficultés, mais aussi des moyens dont ils ignorent qu'ils sont à leur disposition et qui ne l'apprendront que si on le leur fait savoir. C'est là le but de ce qu'on appelle la «gestion mentale», qui veut dire simplement que «par elle» les élèves vont découvrir comment conduire leurs opérations mentales pour réussir les tâches que leurs apprentissages prescrivent.

Une des qualités du livre de Chantal Piganeau, parmi beaucoup d'autres, réside dans son insistance à demander à l'élève de persévérer dans l'effort pour conquérir les bonnes procédures mentales et à l'enseignant de se montrer patient et éclairant, en ne négligeant pas d'entrer dans les plus petits détails, dès qu'il s'agit d'expliquer et de prescrire à l'élève ce qu'il doit mettre mentalement en œuvre pour réussir. Or, à cet égard, le livre de Chantal Piganeau est exemplaire.

On comprend, du reste, pourquoi Chantal Piganeau a fait porter son effort sur ce point. C'est, d'une part, parce que son intelligence lui permet de discerner très finement les obstacles les plus ténus qui stoppent l'élan des bonnes volontés, d'autre part parce qu'au cours des stages de formation qu'elle dispense, elle s'est rendu compte que certains de ses collègues, après une trop rapide sensibilisation à l'intelligence des opérations mentales, s'abandonnaient à une trop rapide pédagogie du «n'y a qu'à», qui entraînait des «déconvenues».

Antoine de la Garanderie

Introduction

Cet ouvrage constitue le témoignage d'une expérience pratique de la gestion mentale. La confrontation entre mes acquis théoriques dans ce domaine et les écueils rencontrés sur le terrain m'a amenée à réfléchir à l'adaptation de cette approche, d'une part à l'âge et aux possibilités des élèves de cycle 3, d'autre part à la spécificité de l'enseignement du français.

L'analyse des difficultés des élèves m'a incitée à les soumettre aux critères de la gestion mentale pour mieux en comprendre l'origine. J'ai pu ainsi élaborer des séquences pédagogiques visant à permettre aux élèves de dépasser les écueils que j'avais identifiés.

Il n'est pas question ici de balayer tout le programme ni de présenter la gestion mentale comme un ensemble de recettes. Je préfère apporter des éléments de réflexion sur des points épineux, sur le plan du contenu pédagogique et de l'approche méthodologique.

***Les séquences de gestion mentale que je présente ici sont toutes nées d'une analyse de difficultés récurrentes de la part des élèves.** J'ai donc conçu les fiches comme une présentation d'outils complémentaires à la pédagogie menée par l'enseignant.*

L'ÉVOCATION VOLONTAIRE AU CENTRE DE L'APPROCHE MÉTHODOLOGIQUE

Les enseignants déplorent le manque d'attention de leurs élèves : enfants qui rêvent ou se dispersent, qui font répéter les consignes et les explications. Ils paraissent s'adapter en surface à ce qu'on leur demande mais ne se mobilisent pas de l'intérieur. Les réponses quelquefois absurdes que nous obtenons d'eux correspondent à un souci de bien faire purement formel mais dénué de sens. L'effort intellectuel demande à être dosé et dirigé. Nombre d'élèves s'en sont dégoûtés après l'avoir fourni en pure perte, n'ayant pas su comment l'orienter. Le travail est devenu pour eux une attitude de tension qu'on adopte extérieurement.

Le défaut de réflexion s'accompagne d'une difficulté de concentration. Les enfants ne savent pas «rester» avec une question, prendre le temps nécessaire à la recherche d'une réponse.

Enfin, la question du transfert des acquis se pose continuellement. L'instituteur en a une conscience aiguë, ayant tout le loisir de constater par lui-même ce cloisonnement mental. Ce qu'il a appris à ses élèves dans un certain contexte n'est pas ré-exploité dans un autre.

Se profile derrière tout cela une interrogation de fond : qu'en est-il de l'activité intellectuelle des élèves? Comment la guider et l'orienter?
Nous savons un peu déclencher cette mobilisation sur le plan affectif : travaux de groupes, exercices ludiques, thèmes chers aux enfants, préparation de sorties... Cependant, des enfants épanouis peuvent ne pas savoir faire attention, ni réfléchir. Avoir leur adhésion ne suffit pas, il nous faut leur participation, tant sur le plan mental qu'affectif.

Entraîner l'élève à évoquer constitue une réponse essentielle à ces problèmes. Il s'agit pour lui d'apprendre à participer intellectuellement à l'enseignement qu'il reçoit.
Le concept d'évocation nous renseigne sur la nature de l'activité intellectuelle. Une image mentale, de nature visuelle, auditive ou verbale, réaction déclenchée par une information extérieure, constitue la «matière même» de la pensée.
Cette réaction mentale n'est pas automatique, elle nécessite une participation intentionnelle de l'élève.
Code-t-il l'information reçue, la fait-il exister dans sa tête sous une forme ou une autre et, par-là même, l'intègre-t-il ou lui reste-t-elle extérieure? Il s'agit donc d'apprendre à l'enfant à traduire volontairement dans sa tête ce qu'il reçoit de l'extérieur, autrement dit à «faire exprès» de penser.

Nous sommes surpris par le maigre pourcentage de ce que les élèves ont pu capter pendant un cours. Une partie importante de ce que nous leur présentons semble glisser sur eux, n'avoir aucune prise. Les enfants n'ayant pas fait écho mentalement à ce qui est proposé n'ont pas fait acte d'évocation. Se contentant de recevoir ce que leurs sens perçoivent, ils sont restés «en perception». Ils reçoivent ainsi une impression diffuse, inexploitable par la suite ou vaguement teintée d'un jugement affectif : «Ça m'a plu» ou «Je me suis ennuyé» ou encore «J'ai bien compris». Le ressenti restera mais ce qui l'a déclenché s'évapore. La passivité intellectuelle résulte d'un arrêt à la perception.

En primaire, nombreux sont les enfants qui n'ont pas acquis l'habitude d'effectuer ce geste. L'évocation existe, bien sûr, mais elle n'est ni dirigée volontairement, ni régulière. Elle reste sporadique, partielle, superficielle.
À certains, il faudra plusieurs mois, voire l'année entière, pour se décider à évoquer volontairement. D'autres, qui pratiquaient l'évocation spontanément, ont seulement besoin d'une confirmation, d'un encouragement à poursuivre. D'ailleurs, il existe des degrés dans l'évocation qui expliquent son efficacité plus ou moins grande.
Certains élèves évoquent «à l'identique»; dans l'effort intellectuel, ils fournissent le minimum d'investissement. Leur évocation est la copie conforme de ce qu'ils perçoivent. Ils se donnent en pensée une information mais sans aucune projection dans le futur, sans approfondissement, sans lien avec les acquis. D'autres, au contraire, déploient leurs évocations dans des directions variées et les enrichissent d'une manière toute personnelle.

Il est impossible de développer chez tous la même richesse d'évocation. Mais le fait que chaque élève, à son niveau et à son rythme, découvre la nécessité d'évoquer pour apprendre est un pas important vers l'autonomie.

On ne pourra se contenter d'expliquer à l'élève ce qu'est l'acte d'évoquer. Il faudra le stimuler, lui en montrer l'intérêt, lui faire expérimenter à quel point c'est indispensable à tout apprentissage.
Le métier de pédagogue prend alors une dimension nouvelle : éveiller l'intérêt de l'élève à sa vie intellectuelle, lui donner le goût et l'assurance de faire fonctionner sa tête, tout en renonçant à «la dictature des pensées.»
Il s'agit plus d'une invitation, d'une stimulation à l'échange sur les moyens d'apprendre que d'une maîtrise ou d'une surveillance.

L'enseignant n'est pas responsable de ce qui se passe ou ne se passe pas dans la tête de l'élève. S'il répond de ce qu'il enseigne, il ne peut effectuer l'acte d'évoquer à la place de l'enfant. Son rôle consiste à créer des conditions propices à l'évocation, à lui en donner le temps et les moyens, à le guider dans ses tentatives. Mais il ne peut aller au-delà. L'acte d'évoquer appartient à l'élève et situe la part de l'effort intellectuel qu'il est seul à pouvoir fournir, et qu'il peut refuser.

APPROCHE DIDACTIQUE : L'ENSEIGNEMENT DU FRANÇAIS AU CYCLE 3

Les activités de français s'inscrivent dans cette finalité définie par les textes officiels : «Manier la langue avec rigueur et pertinence».
L'apprentissage du français est mené dans la perspective d'un niveau de maîtrise de la langue permettant aux élèves, d'une part de comprendre dans ses subtilités un discours oral ou un texte écrit, d'autre part, de se faire comprendre.
Les exercices de maniement pratiqués en classe se situent entre ces deux pôles :
- intégrer le contenu d'un message reçu,
- émettre un message pour que d'autres récepteurs le comprennent.

La lecture, le vocabulaire, l'orthographe, la grammaire et la conjugaison sont des activités permettant d'affiner autant l'art de comprendre que celui de produire.
La communication est le sens premier de l'approfondissement de sa propre langue.

Les élèves peuvent nous sembler très éloignés de cette perspective profonde, lorsqu'ils se contentent d'une expression dont la qualité laisse à désirer, ou quand ils appréhendent les structures grammaticales et orthographiques de la langue comme un amoncellement de codes arbitraires et tyranniques.
Il nous faut donc partir à la recherche de la logique interne de leurs difficultés, analyser les comportements répétitifs qu'ils manifestent dans chacune de ces activités, de manière à adapter notre pratique pédagogique à leurs besoins, sans perdre de vue le niveau de maîtrise de la langue française auquel nous voudrions les voir parvenir.

L'analyse des difficultés des élèves nous montre :
- d'une part une tendance à se conformer extérieurement à des activités sur lesquelles ils ne mettent pas toujours de sens,
- d'autre part un défaut de transfert des acquis d'une activité dans une autre.

Les priorités sur lesquelles nous axerons notre approche pédagogique sont donc :
- l'éveil du sens de chaque objet d'apprentissage par l'étude de son origine, de sa spécificité et de sa finalité,
- la mise en relation des différentes activités du français pour montrer à quel point l'acquis d'un domaine sert dans un autre.

La gestion mentale nous présente des moyens concrets pour orienter l'activité intellectuelle des élèves dans ces deux directions : **mettre en marche le levier de la compréhension, et guider la pensée vers le réinvestissement futur du nouvel acquis.** Étudiant les principes inhérents à tout apprentissage, cette approche apporte un éclairage, non seulement sur la forme d'un cours, mais aussi sur son contenu pédagogique. Mettant en lumière l'activité mentale spécifique à chaque activité du français, elle apporte des précisions sur la manière d'orienter les élèves vers la recherche du sens et l'exploitation pluridisciplinaire d'un acquis.

Ce travail sur le sens et les interconnexions peut considérablement soulager l'effort des élèves par l'unité d'une démarche commune à des activités variées. Les ponts établis entre grammaire, orthographe, conjugaison, lecture et expression écrite simplifient l'approche du français sans pour autant la réduire.

1 Intégrer la gestion mentale à sa pratique pédagogique

Les outils de la gestion mentale, présentés ici, constituent les bases sur lesquelles ont été élaborées les fiches pratiques. Ils montrent de quelle manière il est possible d'exploiter les concepts d'évocation, de projet, de paramètre, de cadre spatial ou temporel, d'une façon générale, dans sa pratique quotidienne. Les propositions exposées ici ne sont pas exhaustives, ce sont celles que l'auteur a choisi de privilégier.

DONNER LES MOYENS D'ÉVOQUER

Si l'évocation constitue la clé de voûte de notre approche, il ne suffit pas d'y inviter les élèves. Encore faut-il leur donner les moyens d'y accéder. Le soin accordé aux présentations du cours, la sélection des passages qui feront l'objet d'un travail évocatif, le temps laissé aux élèves pour le réaliser sont à intégrer progressivement dans notre pratique. Il faudra aussi aller plus loin : guider les élèves dans leurs tentatives, repérer ce qui peut les gêner dans leur effort, chercher les conditions qui réduiront les obstacles et favoriseront le passage vers l'acte d'évoquer.

Varier les perceptions et les dissocier

La perception, c'est-à-dire la prise de contact par les sens avec l'objet de l'apprentissage, est la première marche vers l'évocation.
Présenter une information sous des formes qui permettent à tout le monde de l'évoquer est fondamental : donnons à voir autant qu'à entendre, pensons à associer des exemples, des illustrations, des schémas, des mots écrits à nos explications orales. Les discours sont des perceptions éphémères. Si nous y associons un mot clé écrit au tableau, l'élève qui s'est laissé distraire un moment pourra s'y appuyer et « reprendre le train en marche ».
Pensons également à laisser le temps aux enfants d'entrer en contact avec ce que nous leur présentons. L'élève, sollicité à la fois par une photocopie que nous distribuons et par nos commentaires simultanés, est gêné. Proposer une perception à la fois évite de submerger les enfants. Certains passages clés d'une séquence pédagogique donneront lieu à une présentation différenciée : verbale puis visuelle, ou l'inverse, de façon à permettre à chacun de rester concentré sur la perception qui lui convient. Il s'agit d'éviter la dispersion occasionnée par un excès de sollicitations.

Les différentes occasions d'évoquer

– L'essentiel d'un cours pourra susciter un travail évocatif.
Déterminons ce que nous voulons que les élèves retiennent de la séquence pédagogique. Nous leur demandons de regarder ce qui va être montré, d'écouter ce qui va

être dit, avec l'intention de le faire vivre dans leur tête. À l'issue de la séquence, nous les incitons à repenser à l'information reçue en la réentendant, en se la parlant ou en la visualisant. Puis nous montrons ou expliquons à nouveau pour que chacun puisse comparer avec ce qu'il avait en tête.

– Avant de recueillir les réponses à une question posée, avant d'effectuer un travail, nous pouvons inciter les élèves à prendre un temps d'évocation pour préparer en pensée leur réponse ou leur action. Celle-ci sera plus réfléchie et de meilleure qualité. Cela laisse aussi le loisir de poser des questions, de vérifier si chacun a bien compris ce qu'il fallait faire.

– La consigne d'un exercice, dès lors qu'elle est un peu complexe, nécessite une présentation orale et écrite ainsi qu'un temps explicite d'évocation.
Freiner, par ce biais, l'impulsion d'agir la canalise vers l'efficacité. La maîtrise de l'impulsivité est difficile à demander à des écoliers, les appels au calme n'y suffiront pas. C'est à nous de poser des « ralentisseurs », de recentrer les enfants par l'évocation.
On pourra distribuer le matériel de travail seulement à l'issue de cette pause évocative, ou cacher la consigne lorsque l'exercice s'effectue.

– Un outil (tableau, schéma de synthèse) un peu complexe pourra donner lieu à un travail évocatif afin que les élèves puissent par la suite le manipuler ou s'y référer dans leurs activités. Le faire copier en évocation, c'est-à-dire après un temps d'observation et sans l'avoir sous les yeux, lui donne une existence mentale et permet aux enfants de se poser des questions à son propos. L'utilisation ultérieure de cet outil sera alors moins hasardeuse, elle pourra être le fruit d'une démarche pensée. Quelques exemples en sont donnés dans ces fiches.
Les erreurs dans le maniement d'un outil s'enracinent souvent dans un manque d'appropriation dans une dynamique perception / action. L'outil reste extérieur aux enfants qui s'en servent sans le maîtriser.

Accorder le temps à l'évocation de se construire

Comme pour n'importe quelle activité, le rythme de l'évocation varie selon les individus, et donc selon les élèves. Certains, très réceptifs, peuvent suivre une longue explication avant d'éprouver le besoin de la récapituler mentalement. D'autres ont besoin de temps d'évocation très réguliers comme si leur tête ne pouvait contenir qu'un petit nombre d'informations à la fois. Ils sont perdus si l'enseignant poursuit une longue explication, ils s'essoufflent et risquent de décrocher. Leur octroyer des temps de silence fréquents leur permet de digérer, à leur rythme, le cours et de se rendre disponible pour de nouvelles informations. Nous avons intérêt à ralentir notre débit verbal, à introduire une pause discrète avant et après une phrase importante. Ces pauses peuvent permettre aux élèves de se représenter, à leur rythme, ce qu'on leur apporte. Mais elles ne sont pas suffisantes.

Pendant le déroulement d'une leçon, les élèves ont le temps d'évoquer juste ce qu'il faut pour ne pas perdre le fil. S'ils ne prennent pas le temps de récapituler, de remettre en ordre ce qu'ils ont évoqué spontanément, ils resteront sur des impressions vagues qui s'envoleront rapidement.

C'est la raison pour laquelle des temps de récapitulation mentale sont à instituer à certains endroits bien ciblés d'une séquence pédagogique et à certains moments de la journée. Il s'agit ici d'un temps imposé. Une minute peut suffire.
L'expression, le regard des enfants nous renseignent sur la façon dont ils mettent à profit ces instants. Une qualité particulière de silence se dégage lorsque les enfants évoquent. On pourrait parler d'un silence actif. À l'issue de cette pause, chacun vérifie si ce qu'il s'était redonné mentalement correspondait bien à ce qu'on avait montré ou expliqué.

À l'étape de la vérification, les élèves peuvent demander des éclaircissements, des précisions, des prolongements. Les questions posées sont souvent plus riches à l'issue de ce moment d'intériorisation du cours. Elles sont plus approfondies et moins réactionnelles. Nous évitons par-là même de nombreuses redites.

Au début, tous les élèves ne voient pas l'intérêt de cette pause. Certains testent notre détermination et attendent que le temps passe. D'autres pouffent de rire. Un changement d'habitude déclenche quelques résistances. Il faudra leur prouver le bien-fondé d'une telle pause en les empêchant d'en faire un temps mort. On peut leur demander une tâche particulière à l'issue de ce temps d'évocation : recopier le tableau de mémoire, trouver un exemple, faire un schéma. À condition de les en prévenir : « Regardez ce qui est au tableau, écoutez ce que je vais dire, je vous laisserai le temps de le mettre dans votre tête, ensuite je vous demanderai de… »

L'effort intellectuel se place au niveau de ce travail évocatif. Cet effort demande à être dosé. Il serait vain de le solliciter tout au long de la journée. On risquerait la lassitude autant par fatigue que par l'ennui d'une procédure systématique. **Ces pauses formelles ont pour but de rappeler aux enfants ce qu'ils doivent prendre l'habitude d'effectuer par eux-mêmes et à leur rythme.** Nous montrerons tout au long des fiches à quelles occasions les proposer, mais il n'est pas souhaitable d'instituer des pauses trop souvent. À nous de choisir les moments de la journée pendant lesquels les insérer. Notre but est de donner le goût de ces arrêts aux élèves, de les amener progressivement à les réclamer.

Comment amener les enfants à évoquer ?

L'acte d'évoquer appartient à l'élève, nous ne pouvons pas le déclencher sur consigne. Par contre, quelques règles simples guideront les enfants vers cet effort intellectuel.

L'alternance perception / évocation

Le fait d'avoir quelque chose sous les yeux ou d'entendre un discours peut pousser l'élève à se laisser absorber par ce qu'il reçoit de l'extérieur au lieu de s'activer mentalement. L'enfant qui manque de confiance en lui regarde intensément le livre ou le tableau, il est sous l'emprise de ce qu'il perçoit et qui le rassure, il redoute le moment où il en sera coupé, il craint d'avoir alors la tête vide. Inversement, celui qui a trop confiance en lui croit que « c'est dans sa tête » parce qu'il voit ou entend une information.

Couper l'élève de l'objet de perception le rend disponible à l'évocation. Mais cela ne suffit pas à en déclencher l'apparition. En fait, elle va naître de plusieurs allers-retours entre ce qui est montré ou dit et ce que l'élève en a capté. En ce sens, **la gestion mentale est la politique du cahier ou du livre qu'on ferme et qu'on rouvre, du tableau mobile retourné…**

Le fait de montrer / cacher sur un rythme alerte, amuse les enfants, les détend et dédramatise le fait qu'on n'ait pas capté grand chose. On se décide alors à capter au temps d'observation qui suit.

Matérialiser l'évocation

Pour certains élèves, la vérification de l'évocation n'est pas une démarche naturelle. Ils attendent d'être mis à l'épreuve d'un exercice ou d'une restitution pour pouvoir évaluer la qualité de leur évocation. Ils sont trop impatients de « faire » pour accepter de corriger d'abord dans leur tête.

Ce comportement s'explique par la crainte de perdre ce qu'ils ont en tête. Le besoin compulsif d'agir sur le moment vient aussi du fait qu'ils ne savent pas comment approfondir leur travail évocatif. Ces élèves sont plus à l'aise dans la pédagogie du tâtonnement, de l'essai erreur. Matérialiser le plus vite possible leur évocation les rassure sur le fait qu'ils savent quelque chose même si c'est partiel ou inexact. Ils éprouvent le besoin de travailler sur une trace concrète de leur évocation pour la faire évoluer. Il est important de le leur permettre.

Distinguer dans un texte ce qu'on a mis ou non dans sa tête peut sembler très abstrait. Matérialiser ce qu'on a déjà évoqué peut permettre de le comparer à l'ensemble de l'information perçue.
On fera colorier aux élèves, par exemple dans une photocopie de la leçon, ce qui leur est revenu pendant le temps de la pause évocative. Ils pourront ensuite s'intéresser à ce qui n'est pas en couleur pour l'évoquer.

Guider vers l'évocation ceux qui n'y parviennent pas

Les élèves qui éprouvent de véritables difficultés à effectuer l'acte d'évoquer en sont empêchés par des obstacles dont le plus courant est celui de la dynamique réflexe « perception / action », l'impulsion d'agir étant trop forte. Ces élèves, attirés irrésistiblement vers le besoin de produire, refusent de prendre le temps d'installer dans leur tête ce qui a été expliqué. L'action est pour eux infiniment plus attrayante que la mentalisation. Ils préfèrent l'apprentissage par imprégnation, même s'il s'avère plus long que celui par évocation. Ils comptent sur la trace mentale qui se constituera, **presque malgré eux,** à force de tâtonnements.
Les obliger à évoquer une explication ou une consigne serait stérile. Nous pouvons les laisser agir et ensuite leur proposer un temps de récapitulation mentale, une fois qu'ils ont réussi l'exercice, même si c'était par hasard. Détendus et rassurés par leur action, ils sont plus disponibles à l'effort d'évoquer. Imprimer volontairement dans leur esprit ce qu'ils ont réalisé est pour eux un moyen d'accéder en douceur à l'évocation. Ils évoquent dans le prolongement de leur action.

PERMETTRE LA MISE EN PROJET

« La mise en projet » est l'intériorisation du but à atteindre. C'est elle qui oriente la pensée vers les indices permettant d'y parvenir. Pas d'évocation volontaire sans projet ! C'est à la fois le gouvernail et le moteur de la pensée. Il **l'anime**, lui insuffle l'énergie pour se mouvoir dans une direction précise. **Le projet** permet d'opérer une sélection parmi une masse d'informations reçues pour se focaliser sur les indices pertinents. Il **permet de passer de l'évocation spontanée à l'évocation dirigée.**

Si nous ne pouvons effectuer cette mise en projet à la place des enfants, nous pouvons en favoriser l'émergence par la mise en évidence des objectifs à atteindre, et par l'explicitation des différents pôles d'attention qu'une activité nécessite de gérer. Il s'agit d'orienter les élèves vers le ou les projets qui en permettent la réussite. Cela demande également de prendre en compte le projet que l'élève s'était donné, plus ou moins consciemment, et de vérifier son adéquation à l'objectif à atteindre. Nous verrons qu'un travail de mémorisation ou de compréhension nécessite d'offrir les conditions qui permettent aux élèves de se donner le projet correspondant.

Annoncer aux élèves l'objectif à atteindre

Cela favorise chez eux la possibilité d'être en projet, mais ne la garantit pas. Le projet est à différencier de l'objectif. Le but à atteindre constitue une réalité future objective. Le projet est l'intériorisation de ce but et c'est lui qui oriente la pensée sur le moment, dans la bonne direction. Mais cette direction à prendre peut être composée elle-même de plusieurs axes si l'activité est complexe et nécessite de gérer en même temps plusieurs pôles d'attention.

Mettre à jour les différents projets qui sous-tendent l'activité

L'élève peut connaître l'objectif annoncé, savoir que le but de l'exercice est d'écrire sans faute ce qu'on lui dictera et ne pas parvenir à orienter sa pensée dans les directions voulues. Même s'il est motivé. Il peut vraiment désirer réussir une activité et ne pas savoir quels indices prendre en compte et de quelle manière, parce qu'il est submergé par la complexité de la tâche.

Nous attendons des élèves une attitude intellectuelle que nous ne pensons pas à expliciter. **Déterminer ce que telle ou telle activité sollicite sur le plan intellectuel nous aide à guider les élèves vers les différents projets qui permettent de s'y adapter.**

La « mise en projet » est relativement aisée dans une activité mentale simple. « Regardez ce schéma, je vais le cacher, il faudra vous en souvenir. » ou encore « Lisez ce qui est écrit et recherchez les questions que vous pourriez poser. », etc.

Mais dans une situation de dictée, d'analyse grammaticale ou d'expression écrite, tâches complexes qui nécessitent plusieurs pôles d'attention, la « mise en projet » est plus délicate. L'élève ne sait plus comment s'y prendre quand tout arrive en même temps. Décomposer l'activité en fonction des différents axes sur lesquels porter son attention permet d'amener les élèves vers les procédures mentales sollicitées.

Nous entraînons les élèves sur des situations simplifiées à travailler une intention à la fois jusqu'au moment où ils sauront gérer la tâche dans sa complexité.

Du projet automatique au projet adapté

L'élève peut aussi se donner un projet inadapté, le plus souvent sans s'en rendre compte, en fonction de ses automatismes ou de ce qu'il croit qu'on attend de lui. Cela explique le décalage entre ce à quoi il semble occupé et ce qui se passe réellement dans sa tête. Ce projet automatique conditionne son attitude intellectuelle, le plus souvent à son insu.

Devant des exercices d'orthographe, beaucoup d'élèves sont en projet de trouver comment orthographier et pas de chercher quelle règle appliquer, par exemple. Devant une hésitation, une difficulté, ils restent passifs parce qu'ils avaient l'intention de savoir et non celle de réfléchir ou de vérifier.

En expression écrite, un élève peut avoir le projet de construire des phrases compliquées parce que « ça fait grand » et ne pas du tout se préoccuper d'être compris. Cette intention imprime une direction à son travail qui ne répond pas aux attentes de l'enseignant.

Nous pouvons faire prendre conscience à l'élève de l'aspect partiel ou inadapté du projet qu'il avait adopté automatiquement, sans même s'en rendre compte.

Prendre en compte le projet dans la correction

L'élève qui, lors d'une dictée, a pensé seulement à ce que le texte racontait, a fourni un effort qu'il ne voit pas récompensé puisqu'il n'a pas su orienter son attention dans la direction attendue. L'évaluation peut alors être mal ressentie, elle tombe comme un verdict extérieur car l'élève n'a pas compris le décalage entre son projet et l'objectif visé. C'est la raison pour laquelle on lui demandera ce qu'il avait l'intention de faire et sur quoi a porté son effort. Il se voit alors reconnu dans sa tentative et peut mieux accepter de modifier sa façon de travailler.

Au cours d'un contrôle, on peut demander aux enfants de laisser une marge suffisamment grande. À l'issue de cet exercice, ils y écriront ce à quoi ils ont fait attention, dans quelle direction ils ont fourni un effort. Ce sera pour l'enseignant une aide précieuse pour orienter la correction. À condition toutefois que les enfants se sentent libres d'exprimer ce qui s'est réellement passé.

Le projet d'exploiter ultérieurement un acquis, au cœur du geste de mémorisation

La réussite de ce geste demande à l'élève de se placer dans une perspective d'avenir. En effet, la condition d'une mémorisation efficace, c'est d'avoir la conviction, au moment où nous engrangeons une information, que nous nous en servirons ultérieurement, même dans des circonstances imprévisibles. Cette conviction existe chez un élève qui a l'habitude de réussir, il s'est donné la preuve qu'il pourrait se resservir de ce qu'il a acquis.
Un élève dont les résultats sont fluctuants aura plus de mal. Sa représentation du « plus tard » est teintée d'incertitudes, d'éléments arbitraires indépendants de lui. Il ne sait pas comment il pourra utiliser par la suite une information. Alors il s'efforce de la retenir, de l'enfouir au fond de sa mémoire et il ne saura comment retrouver cet acquis le moment venu. Il croira l'avoir perdu.
L'élève qui rencontre ce type de difficultés a besoin d'être informé de manière précise des différentes utilisations possibles d'une notion. En s'habituant à l'utiliser dans des circonstances ciblées et prévues, il pourra effectuer cette projection dans l'avenir de façon plus large, et ouverte aussi à des perspectives imprévues.
Les perspectives d'utilisation d'un acquis sont à rendre évidentes pour guider la mise en projet.
La mémorisation d'une poésie ou d'une leçon est relativement aisée car l'enfant peut se représenter de façon ponctuelle l'utilisation qu'il en fera. Il sait où et quand il risque d'être interrogé.
C'est beaucoup plus difficile pour une règle d'orthographe. Il est inutile de l'apprendre seulement pour la réciter. Il faut se préparer à l'utiliser. Cependant, les situations d'application étant multiples et indéfinies, la projection dans l'avenir est floue. L'élève s'entraîne avec les exercices du cours mais, sorti du contexte de la leçon, il ne transfère pas son acquis. Il l'a engrangé, pourtant il oublie de le solliciter.
On entraînera l'élève en le plaçant rapidement et le plus possible dans des situations authentiques d'utilisation. Quand il écrit sous la dictée, lorsqu'il élabore lui-même des phrases personnelles, ou qu'il relit ce que lui ou un autre a écrit. Ces diverses situations seront les exercices d'application de la règle qu'il vient d'apprendre. Il se représentera mieux les situations concrètes dans lesquelles il devra par la suite la solliciter. **Anticiper en pensée les occasions d'utiliser la règle aura été rendu possible par une mise en situation concrète.** La mise en évidence de différentes possibilités d'exploitation d'un acquis fait partie intégrante de la phrase d'apprentissage.

Orienter les élèves vers le projet d'élargir ou d'affiner leur compréhension

La compréhension naît au moment où l'élève établit une connection entre ce qu'on lui présente et la traduction mentale qu'il s'en donne. Il a alors le sentiment de comprendre. Mais l'élève peut éprouver ce sentiment alors que la relation qu'il trouve est inadaptée ou incomplète. Par exemple, il a pu plaquer du sens au lieu de partir à sa recherche. « Ah oui, ça me fait penser à... » Au lieu de s'ouvrir à ce qui est nouveau, spécifique de l'énoncé, du texte ou du schéma, il dérape vers ce qu'il connaît déjà et perd de vue la logique interne de ce qu'on lui présente. Sa compréhension est partielle, embryonnaire parce qu'elle correspond en fait à un premier contact et qu'il s'en satisfait. Il est rare d'avoir tout compris en une fois. L'élève n'éprouve pas le besoin de dépasser ce qu'il a compris spontanément dans la mesure où son projet se limite à une première mise en relation. C'est à nous de l'orienter vers la nécessité d'approfondir.
Affiner la compréhension, c'est mettre les élèves en alerte, les placer dans la perspective de comparer ce qu'ils ont capté par rapport à l'ensemble de ce qui leur était

donné. Il s'agit de les amener à multiplier les allers-retours entre la leçon étudiée et l'évocation qu'ils en ont, et de leur en faire découvrir le besoin.
Souvent l'élève retient uniquement ce qui correspond à son projet de mettre immédiatement en application et oublie des informations complémentaires importantes. Lorsqu'il découvre qu'il n'a pris en compte que la moitié de l'information donnée en classe, il peut alors s'intéresser à ce qui lui manque. Il élargit ainsi son intention de comprendre à l'ensemble de ce qui lui est présenté.

Nous pouvons demander aux élèves de restituer à leur manière ce qu'ils ont eu l'impression de bien comprendre. L'important est de les laisser libres de la manière de restituer : exemples, schémas, phrases d'explication…
Puis, nous leur distribuons une fiche récapitulant l'ensemble de la séquence, avec la démarche et les conclusions. Il s'agit de leur faire comparer leur restitution et la nôtre : colorier sur la fiche ce qu'ils avaient bien intégré, ce dont ils ont tenu compte dans leur rapport, puis s'intéresser à ce qui n'est pas colorié. L'élève prend alors conscience de zones de flou dans ce qu'il a pu s'approprier du cours. La fiche devient un support pour poser des questions. Certains ne se sont intéressés qu'aux exemples, d'autres qu'aux explications.
Les exercices d'entraînement révéleront des erreurs correspondant comme par hasard aux zones non coloriées de la fiche. L'indication pour dépasser la difficulté de l'exercice n'avait pas été évoquée par l'élève.
Amener l'élève à constater par lui-même que sa compréhension est partielle lui permet de s'ouvrir à l'envie d'approfondir. Il peut alors élargir son projet à une meilleure prise en compte des données transmises.

SOLLICITER LES DIFFÉRENTS PARAMÈTRES

Connaître les paramètres sollicités par une séquence pédagogique nous permet de guider les élèves vers une gestion équilibrée des différents aspects de l'objet d'apprentissage. Nous pouvons mieux comprendre le décalage entre ce que nous donnons à percevoir aux élèves et ce qu'ils en évoquent. Chacun « pioche » dans la leçon ce qui nourrit son paramètre dominant, quelquefois à l'exclusion du reste. Les difficultés de compréhension peuvent venir d'une gestion partielle de l'information par l'élève. Or, l'intégration complète d'une notion nécessite d'évoquer autant dans le registre du concret, des codes culturels, des liens logiques que de l'imaginaire.
C'est à nous de guider l'élève vers l'évocation des éléments concrets, des liens logiques et analogiques, des termes techniques. Nous pouvons – et nous devons – l'entraîner à prendre en compte le maximum dans une information.

Le paramètre 1

C'est le domaine d'évocation de la vie quotidienne, concrète. Évoquer en P1, c'est s'intéresser aux exemples, aux anecdotes, à ce qu'on peut se représenter concrètement d'une information. C'est faire apparaître dans sa tête les gens, les objets, les bruits, les couleurs des scènes de la vie courante désignées par les mots d'une phrase.
L'évocation en P1 enracine la pensée dans la réalité.

Le paramètre 2

C'est le domaine d'évocation des conventions, des codes culturels indispensables pour communiquer. En P2, on manie des objets abstraits qui désignent des objets réels. L'évocation d'un mot nouveau de vocabulaire, d'un terme technique, d'une date, de l'orthographe d'un mot d'usage relève du P2.

Par l'abondance des termes techniques à connaître, des règles à mémoriser, grammaire, orthographe et conjugaison sollicitent beaucoup le paramètre 2.

Relier le P2 au P1

Avant de pouvoir manipuler mentalement les termes de la grammaire, beaucoup d'élèves ont besoin pour les intégrer de donner un sens concret, relié à leur vécu, au message délivré par la phrase. Autrement dit, il leur faut installer le P2 sur le P1. Les détacher trop vite de ce rapport à la réalité pour les faire raisonner sur des mots abstraits les pousse vers un apprentissage mécanique. Ils risquent alors d'appréhender la grammaire et l'orthographe comme un amoncellement de codes arbitraires à retenir, mais dénués de sens. Certains enfants mémorisent des termes techniques qu'ils utilisent au hasard et qui demeurent vides de sens. L'enracinement d'un apprentissage dans le paramètre 1 est une condition nécessaire pour qu'ils parviennent à raisonner par la suite sur des codes abstraits, porteurs d'une réalité sur laquelle ils n'auront plus besoin de revenir.
C'est pourquoi nous avons veillé en grammaire, en conjugaison et en orthographe à solliciter le paramètre 1. Que l'enfant puisse alimenter son évocation avec des contenus concrets, des situations vivantes, des manipulations d'objets.

Le paramètre 3

Le paramètre 3 est le domaine d'évocation des liens logiques, des relations de cause à effet, de comparaison, d'appartenance, de rapports chronologiques. Il s'agit de tisser des relations entre différentes informations ; **c'est le domaine des opérations mentales rationnelles complexes.** Cela suppose une mobilité intellectuelle à laquelle il est possible d'entraîner les élèves.
Certains élèves évoquent peu dans ce paramètre. Au lieu de dégager des indices significatifs, ils prennent tous les éléments d'information sur le même plan, les juxtaposent en pensée, sans pouvoir tisser de liens. Non qu'ils en soient incapables. N'ayant jamais été guidés dans cette activité, ils ne l'ont pas mise en route spontanément.

Rendre apparents les liens logiques

Le développement du P3 soulève la question des informations implicites. **Beaucoup d'élèves n'évoquent pas en P3 parce qu'ils n'ont pu bénéficier de la perception tangible des liens logiques.** Ils n'ont pas repéré visuellement, ni auditivement, comment les différents éléments de la leçon se reliaient les uns aux autres.
Nous proposons dans nos fiches des outils de synthèse, rassemblant les différents aspects d'une notion ou d'un concept, qui en montrent les liens logiques. Nous utilisons fréquemment des schémas, que nous veillons à rendre lisibles dans un ordre linéaire.
Ils ont l'avantage d'inviter à la prise en compte d'un ensemble et de rendre visibles les liens logiques par des flèches, par un ordre dans la disposition, par un jeu de couleurs, de formes qui serviront de support à leur évocation.
Ils orientent l'attention de l'élève, évoquant visuellement ou auditivement, vers la prise en compte du paramètre 3.

Évoquer ces liens logiques

Faire apparaître de façon claire les liens logiques d'une séquence ne suffit pas. Il faudra guider certains élèves vers cette évocation qu'ils ne se donneraient pas spontanément. Ils retiennent des éléments du cours, les alignent en pensée, les juxtaposent sans saisir mentalement les liens qui les unissent. C'est ainsi qu'une règle peut être

évoquée avec son exemple d'application mais sans que l'élève ait remarqué en quoi la règle s'applique précisément dans cet exemple.
Nous pouvons séparer sur le tableau la règle des exemples. Nous invitons les élèves à regarder la règle tout en leur demandant d'évoquer les exemples que nous avons cachés. Puis nous montrons les exemples en incitant à retrouver en pensée la règle. Nous proposons ensuite de tenir les deux choses dans leur tête, ensemble ou successivement. Comment la règle se retrouve-t-elle dans les exemples ? Peuvent-ils indiquer mentalement l'endroit précis ? (mettre en couleur, se le dire tout haut...)

Le paramètre 4

Le paramètre 4 est le domaine de l'évocation inédite, d'une élaboration personnelle orientée vers ce qu'on pourrait construire, inventer ou ce qu'on pourrait dévoiler. C'est lui qui permet à l'élève de donner une plasticité à un acquis, l'adaptant à une situation inattendue. **L'évocation en paramètre 4 est une projection dans un avenir et dans un ailleurs pour y rencontrer des situations nouvelles, différentes de celles expérimentées dans le cadre de la leçon.** Elle réclame à l'élève de s'investir dans son apprentissage. Certains élèves ne la sollicitent jamais, trop attachés au modèle pour oser une élaboration personnelle ; d'autres l'utilisent systématiquement comme un moyen d'échapper à ce qu'on leur propose ou de marquer leur différence.

Solliciter le P4 permet de se préparer à un décalage entre l'acquis tel qu'il a été présenté et tel qu'il pourrait se présenter ultérieurement. Bien entendu, il est impossible d'anticiper toutes les variations possibles sur un thème donné. Cependant le fait de prévoir quelques situations différentes ouvre une porte à la nouveauté.
En ce sens, des exercices sollicitant l'inventivité de l'élève font partie intégrante de la phase d'apprentissage. La recherche de métaphores caractérisant un concept ou la construction d'exercices assouplit la pensée, y apporte une touche personnelle et détend par son côté ludique.

Les élèves qui évoquent peu en P4 s'attendent à retrouver à l'identique ce qu'ils ont connu. Déroutés par la moindre nuance formelle, ils sont bien en peine de trouver des idées. Ils pourront cependant bénéficier de celles des autres.
Constater que différentes présentations de la même idée ont chacune leur validité leur ouvre des horizons. Évoquer des versions variées de la même notion les « dérouille » intellectuellement et prépare l'évocation en P4.

INSTALLER LES ÉVOQUÉS DANS LE CADRE DU TEMPS OU CELUI DE L'ESPACE

Pour comprendre, nous installons des éléments à relier dans le cadre de l'espace ou dans celui du temps. Ils prennent du sens par la disposition spatiale que nous organisons en pensée ou par la manière dont nous les enchaînons les uns aux autres dans une chronologie.

Les élèves peuvent avoir besoin de bénéficier de ce cadre linéaire ou panoramique dans la perception qui leur est proposée, pour l'organiser en évocation. Nous proposons des outils concrets, des objets à manipuler et qui peuvent être autant appréhendés dans une gestion spatiale que temporelle.

Outils de synthèse

Nous verrons que les activités de français nécessitent parfois de pouvoir briser l'enchaînement linéaire de la phrase pour pouvoir associer en pensée les groupes de

mots qui vont ensemble, même s'ils sont éloignés les uns des autres. C'est valable bien sûr en orthographe et en grammaire pour analyser la phrase et effectuer les accords nécessaires, mais aussi en lecture pour comprendre une phrase complexe.
Il nous a paru important de rendre apparents ces rapports dans un schéma montrant la structure spatiale de la phrase, masquée par son déroulement linéaire.
Cette présentation synthétique et spatiale sera le support du cadre constitué en pensée. Elle n'est pas seulement destinée aux élèves qui évoquent en se donnant une vue d'ensemble. Elle permet à tous ceux qui n'avaient pas découvert l'existence de ces rapports, de les apprivoiser.
Les outils de synthèse proposés au long des fiches seront également lisibles de manière séquentielle. Ils mettent en évidence les relations à découvrir derrière l'enchaînement linéaire de la phrase, relations que les élèves peuvent évoquer à partir de ce support, selon le mode de pensée qui est le leur.

LE DIALOGUE PÉDAGOGIQUE

C'est un temps d'échange avec les élèves sur leurs procédures de pensée.
Son but est d'explorer les moyens mentaux mis en œuvre par l'élève dans une situation précise afin de faire évoluer ces procédures vers une plus grande efficacité ou simplement vers une prise de conscience.
Cela demande une expérience, ainsi que des connaissances approfondies en gestion mentale que nous avons choisi de ne pas développer dans cet ouvrage. Nous présenterons seulement quelques points sur lesquels il est possible de s'appuyer de façon sûre.
L'analyse de l'erreur permettra de s'initier progressivement au dialogue pédagogique.
La mise en commun des procédures de chacun pourra constituer un autre volet de l'approche du dialogue qui sera mené dans la perspective de dégager une large palette de moyens mentaux parmi lesquels les élèves choisiront de nouvelles pistes d'expérimentation.

Commencer par travailler sur la logique de l'erreur

Les premiers échanges méthodologiques peuvent être l'occasion de cerner d'où viennent les erreurs et les hésitations. Il est plus facile pour les élèves de dire comment ils ont fait mentalement quand c'était difficile que dans le cas contraire. Faire chercher aux élèves pourquoi ils se sont trompés offre un terrain sûr pour s'essayer au dialogue. Les élèves sont sensibles au climat de coopération et à la responsabilisation qui en découle.
Ce retour sur les erreurs, très recommandé par les textes officiels, installe en douceur l'habitude de s'interroger sur ce qu'on a fait et comment.
Au début, nous pouvons seulement recueillir des renseignements et renvoyer des questions aux élèves sur les manières possibles de contourner les difficultés, de soulever les obstacles. « Qu'est-ce qui t'as gêné ? De quoi aurais-tu eu besoin, qu'est-ce qui t'aurais permis de… ? » Le plus souvent, le seul fait de nommer l'obstacle permet à l'élève de trouver la solution qui lui correspond.

Cette première étape permet aux élèves de se sentir écoutés et pris en compte. C'est pour nous aussi le moyen d'obtenir un *feed back* régulier pour pouvoir adapter en conséquence notre pratique pédagogique.
Si nous craignons de ralentir trop notre rythme de travail, nous pouvons installer ces échanges au moment de l'étude dirigée.

Centrer progressivement les échanges sur l'évocation

Nous pouvons proposer un exercice aux élèves et nous les incitons à observer ce qui se passe dans leur tête lorsqu'ils le réalisent. Nous précisons bien que la performance est secondaire.
En réalisant nous-mêmes cet exercice, nous verrons mieux ce qui est en jeu sur le plan intellectuel.
Puis nous les interrogeons sur les moyens qu'ils ont mis en œuvre. L'élève s'exprime à propos de tout ce qui constituait l'acte d'apprendre. Il nous livre en vrac ce qui, pour lui, a été significatif dans sa démarche. Il parle aussi bien de son organisation que de son ressenti. À nous de poser des questions plus précises pour cerner à quoi l'élève fait allusion. Cela se situe-t-il au plan de la perception, de l'évocation ou de l'action ?

Gardons-nous cependant d'être trop insistants dans notre questionnement. Certains élèves ne parviennent pas à décrire leur évocation. Soit par aisance, la tâche étant pour eux si facile que leur démarche mentale est inconsciente. Soit par défaut d'évocation. Il serait stérile de questionner longuement un élève sur l'évocation qu'il ne s'est pas donnée. Évitons toute lourdeur. Spécifions seulement à l'élève qu'il ne donne aucun renseignement sur son évocation. Il pourra en parler s'il le désire à la prochaine occasion.

Dans un premier temps, les échanges vont porter sur l'intérêt de l'évocation volontaire qui est à installer. Y a-t-il eu évocation ou seulement production réflexe ? La pensée était-elle guidée par un projet et lequel ? Au fil du temps, les élèves prendront l'habitude de pratiquer les pauses évocatives et sauront mieux parler de leurs évocations. Ne soyons pas surpris si, au début, seuls les élèves dont les habitudes mentales sont installées et structurées parviennent à en témoigner.

Intéressons-nous à l'adéquation entre le projet et l'objectif à atteindre, à la qualité et à la précision de l'évocation, à l'aisance ressentie parallèlement à tel ou tel type d'évocation. Une tension trop forte, un ressenti négatif nous signalent un travail en forçage, qui n'était pas basé sur les besoins évocatifs de l'élève. Nous pouvons alors le guider vers d'autres manières de faire.
Gardons-nous, surtout au début, de conclure sur la dominante de l'élève. Le but de ces échanges n'est pas de classer les élèves dans une typologie.

Repérer dans l'évocation ce qui a suscité une erreur

Lorsque l'aisance commence à venir, que l'on parvient mieux à se représenter ce qu'un élève a effectué sur le plan mental, il est possible de revenir à l'analyse de l'erreur, mais, cette fois-ci, avec la démarche de la gestion mentale. Il s'agit **d'explorer l'évocation, d'établir le rapport avec l'erreur de l'élève pour lui montrer comment faire évoluer l'évocation qu'il s'était donnée.**

Les exemples d'échanges avec les élèves qui figurent dans ces fiches se fondent sur l'analyse de l'erreur et de l'évocation qui l'a suscitée. S'ils témoignent des réactions intellectuelles de quelques enfants à ce qui était proposé, ils ne peuvent être pris comme des modèles de dialogue pédagogique. Ici, l'exploration de l'évocation sert à montrer ponctuellement à l'élève en quoi son évocation l'a servi ou desservi par rapport au but poursuivi. Nous préférons donc leur donner le nom d'« échange » pour les différencier du véritable dialogue pédagogique, qui, lui, nécessite un travail plus approfondi et surtout étalé sur l'année. Il se poursuit de séquence en séquence et porte ses fruits par les précisions ou les nuances apportées au fil du temps.

Exploiter les témoignages des élèves sur leurs procédures

Les élèves s'expriment volontiers mais omettent souvent de tirer profit des procédures des autres. L'échange collectif nécessite la participation de tous mais aussi l'écoute de chacun. Il n'est pas toujours aisé de l'obtenir. Les élèves se lassent vite d'une discussion à bâtons rompus, se désintéressant de ce que disent leurs camarades. Il faudra donc veiller à ce que le dialogue se révèle utile.

Son intérêt est de découvrir d'autres manières de travailler pour les mettre en pratique à brève échéance. L'enfant, ne pouvant se contenter de possibilités théoriques, a besoin de les expérimenter pour se convaincre que c'est une richesse. Le dialogue sera suivi d'un nouvel exercice (le lendemain par exemple) au cours duquel chacun utilisera une des procédures mises en évidence.

Les enfants sont encore souples dans leurs habitudes de pensée. Exercer d'autres manières d'évoquer permet d'enrichir ses habitudes, de les compléter, de discerner par l'expérience ce qui est de nature à aider ou pas.
Nous pouvons mener un dialogue dans le but de dresser la liste des procédures utilisées par les élèves et nous en servir dans une séance ultérieure. Par exemple, mémoriser de nouveaux mots d'usage à la manière d'un tel ou d'un tel.
En aucun cas, il n'est question de l'imposer. D'ailleurs, l'élève à qui une méthode ne convient pas, ne pourra s'y adapter. Il reprendra automatiquement la manière qui lui est propre. L'important n'est pas de réussir à évoquer de telle ou telle manière mais de se situer par rapport à ce qui est proposé. Pour vérifier si une évocation relève de l'habitude ou d'une méthode éprouvée. Pour chercher une approche peut-être plus adaptée à la difficulté posée par un mot précis.

Un pont vers une nouvelle expérience

Le dialogue vise plus à guider vers l'expérimentation qu'à proposer un mode d'emploi mental. Saisir sur le vif ce qui a posé problème, proposer des solutions, laisser l'élève choisir ce qui lui convient, le guider dans une mise en pratique, est pour lui plus marquant que tout modèle théorique. Si l'enfant expérimente avec bonheur une procédure nouvelle et mieux dirigée, il en gardera une trace plus profonde que si nous l'assommons à coups de fiches méthodologiques. Il vaut mieux qu'il puisse tester par lui-même la validité d'un conseil plutôt que de subir une avalanche de recommandations auxquelles il finira par se fermer.

CONCLUSION

L'approche méthodologique d'une activité ne gagne pas à être éternisée. Dès que le processus de pensée adapté a été étudié dans le détail, on peut proposer l'exercice sans démarche mentale guidée. Bien sûr, certains élèves n'auront pas eu le temps de l'intégrer mais les redites ne seraient pas plus efficaces. Il vaut mieux passer à un autre type d'activité. Il sera toujours possible, quelques mois plus tard, d'y revenir. On a la surprise de constater que les conseils donnés tombent alors sur un terrain mieux préparé…
La gestion mentale est plus une approche qu'un ensemble de recettes. Elle nécessite d'être dosée et discrète dans sa présentation. Elle risque de s'épuiser si elle est abordée dans la lourdeur, l'insistance, ou la répétition. Il vaut mieux que l'élève en retienne le fond, à savoir **un état d'esprit**, plutôt qu'une forme stéréotypée ou des conseils rabâchés qui n'auraient que la valeur d'une rengaine.

2 L'orthographe

Les Instructions officielles intègrent dans la rubrique « orthographe » :

- *l'exercice de la copie,*
- *la mémorisation des mots d'usage ainsi que celle des formes usuelles des verbes,*
- *l'apprentissage des règles d'accord,*
- *et l'entraînement à la vérification et à l'autocorrection avec l'aide de documents (fichiers, dictionnaire...).*

Nous pouvons soumettre les difficultés des élèves dans chacun de ces domaines d'application de l'orthographe à l'éclairage de la gestion mentale de façon à définir des pistes de progression.

LA COPIE D'UN TEXTE

Cet exercice nécessite une attention que l'élève dirige d'une façon fluctuante ou inefficace. De fait, les poésies sont souvent copiées avec des erreurs, des oublis de mots et des fautes d'orthographe. La tenue déficiente du cahier de textes relève également de ce problème. Pourtant la copie fait partie des savoir-faire à acquérir. Elle développe une réelle activité d'observation qui reste cependant à expliciter.

Sollicitation du geste d'attention

Il s'agit d'amener l'élève à l'évocation du sens de ce qu'il lit et de son orthographe. Les erreurs de copie s'enracinent dans une production « réflexe », prisonnière de la dynamique perception / action. Nous montrerons de quelle manière y introduire l'évocation pour la rendre plus efficace.

L'APPRENTISSAGE DES MOTS D'USAGE

Il n'est pas toujours aisé. La difficulté à mémoriser ce type de mots peut s'enraciner dans des difficultés différentes.

- Certains élèves ne parviennent pas à les mémoriser. Ils se contentent de les lire, tout étonnés de ne pas les retenir. Il s'agit donc d'un arrêt à l'étape de la perception.
- Parfois, ils se trompent d'objectif, apprennent le mot par cœur et oublient de porter leur attention sur la façon dont il s'écrit. Cette erreur de perspective est fréquente pour la préparation des autodictées. L'élève n'a pas compris ce qu'on attendait de lui, il ne sait pas dans quelle direction placer son effort. La mise en projet se fait alors plus en fonction des habitudes mentales de l'élève que de l'objectif annoncé par l'enseignant.

■ Les élèves peuvent aussi mal distinguer l'endroit du mot sur lequel focaliser leur attention. Ce qui les amène à rester en perception ou à se donner une évocation vague, dans le prolongement d'une impression diffuse. On pourrait penser que le geste de mémorisation est ici en cause. L'expérience montre que la difficulté vient d'abord d'une mauvaise gestion de l'attention, le pôle sur lequel la focaliser étant mal ciblé en raison d'une perception globale dans laquelle les élèves se noient parfois. D'autant plus si la liste des mots à apprendre est longue. Les élèves ne savent pas toujours ce qu'il faut regarder dans le mot.

L'activité perceptive

Elle doit être installée en amont de façon à la prolonger par le geste de mémorisation. Il s'agit d'apprendre aux élèves à cibler leur attention sur la particularité orthographique du mot.
La mémorisation des mots d'usage sera l'occasion d'un travail particulier sur la manière d'en évoquer la graphie : exploration de procédures variées, recherche de la manière la plus adaptée à ses propres besoins évocatifs et à la difficulté spécifique du mot à mémoriser.

LES RÈGLES D'ACCORD

Apprendre des règles consiste à les comprendre, à les mémoriser et à les mobiliser au moment d'écrire ou de relire.
Les élèves nous déconcertent lorsqu'on s'aperçoit qu'ils peuvent réciter intégralement les règles qu'ils ont comprises et qu'ils ont oublié d'appliquer en dictée. Nous sommes alors tentés de mettre en doute leur motivation, nous mettons leurs erreurs sur le compte de la négligence.
Cela montre que la mobilisation des règles connues n'est pas automatique, qu'elle doit faire partie intégrante du processus d'apprentissage.
Mobiliser les acquis au moment d'écrire doit pouvoir s'apprendre à condition de s'y entraîner.

La dictée : plusieurs règles à gérer simultanément

La dictée est un moyen d'évaluer l'intégration des règles par les élèves.
Or, l'abondance des directions dans lesquelles il faut porter son attention présente une réelle difficulté. L'élève s'arrange des règles d'accord dans les entraînements systématiques du type « exercices à trous ». En effet, il voit à quel endroit il s'agit d'appliquer la règle et puisque l'exercice correspond à la leçon étudiée, il sait aussi quelle règle utiliser. Sorti de ce contexte, il ne sait plus quelle règle appliquer ni à quel moment. D'autant plus que la dictée demande d'en gérer plusieurs à la fois.
La phrase est perçue comme une suite de mots juxtaposés dont l'enfant repère mal les liens qui lui permettraient de les accorder. Les acquis de la grammaire ne sont pas réexploités. L'élève n'a pas appris à saisir mentalement ensemble les mots qui font partie d'un même accord. Pour peu que le verbe soit éloigné du sujet, son accord est escamoté. Il en est de même pour l'adjectif, s'il n'est pas directement accolé au nom qu'il complète. De plus, le stress occasionné par la nécessité d'écrire vite paralyse les facultés de réflexion. Comment l'élève peut-il effectuer rapidement ce qu'il n'a pas appris à réaliser en prenant son temps ?
L'élève doit prendre appui sur la signification concrète de la phrase, solliciter les règles apprises et associer en pensée les mots qui y obéissent. **Il s'agit non seulement de conduire sa réflexion (retour sur des acquis et application à la phrase donnée) mais aussi de gérer simultanément plusieurs pôles d'attention.**

Les différents projets qui sous-tendent l'activité d'écriture sous la dictée

Le projet prend ici un relief particulier. C'est lui qui permet d'opérer une sélection parmi tous les mots entendus pour se focaliser sur les indices pertinents. Cependant, l'élève ne sait plus à quoi faire attention quand tout vient en même temps. Morceler les difficultés, les aborder les unes après les autres s'avère indispensable pour indiquer à l'enfant les procédures mentales sollicitées : à quel moment porter son attention sur ceci ou cela.
Entraîner les élèves sur des situations simples à gérer, une intention à la fois, jusqu'au moment où ils sauront de quelle manière mener leur activité dans une tâche plus complexe, c'est l'objectif de nos fiches à propos de la dictée.

Les règles d'accord seront d'autant plus facilement appliquées qu'on en a montré le sens aux enfants. Un groupe de mots qu'on accorde représente une unité significative : le déterminant, le nom et l'adjectif sont associés au même objet mental, sujet et verbe forment eux aussi un « bloc » de sens.
La pratique de la « dictée canevas » va permettre aux enfants d'isoler ces groupes de mots, de les aborder successivement de manière à se cibler sur un pôle d'attention à la fois.
La pratique de la « dictée à numéros » les entraînera à assurer mentalement ces regroupements de sens dans la continuité linéaire de la phrase.

Écrire et évoquer

L'effort que fournit l'élève pour écrire soulève un problème spécifique. L'énergie de l'élève est mobilisée par cette action et ne laisse pas toujours la place à l'évocation. Certains élèves sont dans l'incapacité d'écrire et de penser en même temps. Ce sont quelquefois des élèves au rythme d'évocation rapide que le fait d'écrire ralentit et gêne dans leur activité mentale. De même que l'élève qui déchiffre trop lentement perd le sens de sa lecture, celui qui écrit trop lentement ne saisit pas le mot dans ses relations avec les autres et oublie les accords. **On accordera aux enfants le temps de préparer mentalement ce qu'ils vont écrire,** de se ménager des points de repère concrets et bien visibles pour penser à appliquer telle ou telle règle.

On les incitera également à effectuer une vérification importante : ce qu'ils ont écrit correspondait-il vraiment à ce qu'ils avaient en tête ? Il arrive fréquemment qu'un élève écrive faux ce qu'il connaît de façon juste. Le comportement de précipitation en est l'origine. L'enfant omet de s'appuyer sur son évocation, il croit devoir produire à tout hasard.

LA CORRECTION DES ERREURS

Cette pratique laisse aussi à désirer. L'intérêt de l'élève n'est pas éveillé par l'erreur, il a tendance à la fuir. Lors de la relecture, il reçoit en bloc une impression mais il a du mal à cibler son attention. Trop attaché à ce qu'il vient d'écrire, il manque de recul. Il ne sait quoi observer et attend passivement que la faute lui « saute aux yeux ». Ou alors, il se met à douter de tous les mots et corrige à tout hasard, là où c'était juste. Il devra apprendre à diriger son attention, à la canaliser par des objectifs de relecture.

L'activité de relecture d'un texte offre le moyen de travailler concrètement le projet d'attention. C'est bien dans la mesure où l'élève évoque ce qu'il cherche qu'il le trouve. Il s'agit de repérer dans le champ de la perception ce qui fait écho à son évocation.

FICHE D'ACTIVITÉ 1

INSCRIPTION INTELLIGENTE

La nécessité d'apprendre à copier aux élèves vient d'un constat. La copie des leçons, souvent mécanique, parce que faite au dernier moment après une longue journée, entraîne beaucoup d'erreurs et par conséquent des confusions dans le travail à effectuer. Elle est faite passivement, sans la participation de l'enfant.

Ce travail peut faire l'objet de quelques études dirigées, au début de l'année. Les trois séquences déterminent une progression vers l'autonomie. Les élèves apprennent à faire « en évocation » ce qu'ils faisaient en perception. Ce travail pourra être repris plus tard dans l'année – notamment la séquence 3 –, à l'occasion de la copie d'une poésie.

Objectifs pédagogiques

- **Apprendre aux élèves à copier la liste des leçons sans erreurs.**
- **Leur faire analyser la raison des erreurs éventuelles.**
- **Proposer des moyens concrets pour lutter contre la copie « mécanique ».**

DÉROULEMENT

1 Première séquence

• Distribuer une feuille photocopiée à chaque enfant avec la liste des leçons pour le lendemain. Leur faire colorier le dos de cette feuille en vert.
• Faire lire le contenu de la liste et préparer le matériel correspondant.
• Ensuite, faire copier les leçons à apprendre sur le cahier de textes. Mais la transcription ne peut être faite avec le texte sous les yeux : **la feuille doit être à chaque fois tournée côté vert.** Bien entendu, on peut copier en plusieurs fois. L'orthographe devra être rigoureusement exacte.
• La copie terminée, chacun signale sur la feuille par des bâtons, les coupures qu'il a dû établir pour écrire le texte morceau par morceau.

• Chacun vérifie l'exactitude de sa copie mais sans le support du cahier de textes. Il s'agit de lire l'original **en le comparant au souvenir de ce qu'on a écrit.** Au besoin, on corrige ensuite sur le cahier de textes, mais la feuille doit être tournée côté vert.
Les erreurs sont l'indication du fait qu'on a eu « les yeux plus gros que la tête ». On a cru pouvoir se souvenir d'un gros morceau du texte ; il aurait fallu cibler son attention sur des morceaux plus petits. Proposer aux enfants qui ont fait des erreurs de gommer leurs bâtons et d'en placer de nouveaux, cette fois-ci de façon plus adaptée.

2 Deuxième séquence

Distribution du texte et coloriage de son verso.
• Chaque enfant lit la liste des leçons. Annoncer qu'au signal, la feuille sera retournée et qu'il faudra installer les livres dans le cartable. Lorsque c'est terminé, inviter les enfants à dire ce qu'ils ont fait dans leur tête en lisant, et pendant la préparation du cartable.
• Faire lire le texte dans le but de le recopier. Cette fois-ci, chacun évalue d'avance la taille des morceaux qu'il pourra retenir sans erreur et place les barres à des intervalles réguliers. Morceau par morceau, on observe le texte, on le cache, on écrit de mémoire, on vérifie.

3 Troisième séquence

Le texte est écrit au tableau.
La préparation du cartable et le copiage doivent toujours se faire d'abord mentalement.
• Placer à différents endroits de la classe des ronds verts dessinés sur des feuilles qui symboliseront la feuille retournée.
Avant d'écrire ou de préparer le cartable, il faut passer à chaque fois par le rond vert pour vérifier qu'on saura précisément quoi prendre ou quoi écrire.
• Prévoir un temps d'échange avec les enfants pour s'assurer qu'ils ont réfléchi à la taille des morceaux qu'ils allaient « mettre dans leur tête » pour les copier.

Principe de la séquence

Chaque séquence donne lieu à la préparation « mentale » du cartable et de la copie des leçons.

Le texte à recopier est alternativement montré puis caché, pour amener les élèves à être actifs quand ils lisent : il s'agit d'orienter son attention dans une direction spécifique pour ***saisir mentalement et rapidement*** *ce qu'on avait décidé d'observer.*

Objectifs méthodologiques

- **Faire découvrir l'activité mentale nécessaire à la copie d'un texte.**
- **Amener les enfants à évaluer leur rythme personnel pour passer de la perception à l'évocation.**
- **Orienter le projet sur la prise en compte de l'orthographe des mots et de leur sens.**

COMMENTAIRES

1

Inciter les élèves à une « saisie mentale » rapide est une aide pour les enfants qui ont tendance à se noyer dans la perception. Il vaut mieux observer vite, cacher et s'apercevoir qu'on n'a rien imprimé, ce qui détermine à se mobiliser la fois suivante, que de rester englué sans le savoir à l'étape de la perception.

Écrire avec la feuille retournée oblige d'une part à évoquer, d'autre part à se donner un projet précis d'observation : évaluer la taille du morceau à recopier, repérer les particularités orthographiques, donner un sens concret au texte écrit. La manipulation de la feuille concrétise le passage de la perception à l'évocation.

Cette séquence montre aux élèves la nécessité de connaître son « empan d'évocation ». Beaucoup lisent au début activement et finissent par rester en perception parce qu'ils ont mal mesuré à quel rythme des temps de récapitulation leur sont nécessaires avant d'aller plus loin. Cette notion d'« empan d'évocation » pourra être exploitée également en lecture ou pour l'apprentissage d'une leçon.

- On passera en revue les cahiers de textes pour vérifier l'exactitude de la copie.
- Les enfants peuvent avoir laissé passer des erreurs. On essayera au cours du dialogue pédagogique de leur en faire formuler l'origine. Est-ce dû à une lecture trop rapide, trop longue, à l'oubli de s'appuyer sur son évocation pour écrire, au fait qu'on croyait savoir puisque le texte était devant les yeux ?

2

- La préparation effective du cartable suit immédiatement le temps d'évocation pour que les enfants associent la lecture des leçons à une action à effectuer.
- On veillera ensuite à introduire un décalage de temps entre l'évocation et l'action pour inciter les élèves à anticiper mentalement l'action. La lecture des leçons devra déclencher la représentation du matériel à emporter et de ce qu'on aura à faire à la maison.

3

Dans cette séquence, les conditions se rapprochent de la copie habituelle. Les ronds verts concrétisent d'une façon plus discrète le passage de la perception à l'évocation.

FICHE D'ACTIVITÉ 2

MÉMORISER L'ORTHOGRAPHE

Nous proposons dix mots à mémoriser, ce qui est beaucoup, dans la première séquence, afin de répertorier des méthodes suffisamment variées. Dans les séances suivantes, nous réduirons le nombre de mots, de façon à soulager les élèves qui devront fournir déjà un effort important sur le plan du travail évocatif.

Objectifs pédagogiques

- **Apprendre aux élèves à observer efficacement l'orthographe des mots.**
- **Répertorier différentes manières de la mémoriser.**
- **Ouvrir les élèves à de nouvelles stratégies devant lesquelles chacun se positionne et repère ce qui lui convient.**
- **Chercher la méthode la mieux adaptée à une difficulté spécifique.**

DÉROULEMENT

1 Première séquence : mémoriser l'orthographe de dix mots

• Écrire les mots sur des étiquettes assez grandes pour que toute la classe puisse les lire. La signification de ces mots sera connue des enfants mais leur orthographe présentera une difficulté.
Ex. : ***noix, myope, héritage, embouteillage, estomac, carrelage, tonnerre, doigt, nettoyer, immeuble.***
• Montrer le premier mot, le cacher, proposer aux élèves d'y repenser, les inviter à le regarder de nouveau pour vérifier et chercher éventuellement ce qui leur manque. Des allers-retours rapides entre le mot montré et caché rendent cette approche stimulante et ludique.
Idem pour les autres mots. Dicter ensuite aux élèves la liste des mots étudiés.
Chacun montre son cahier au voisin pour vérification.
• Demander aux élèves d'écrire la méthode utilisée par eux pour chacun des mots.

• **Noter au tableau les différentes procédures utilisées.**
Veiller à les traduire dans des termes suffisamment généraux pour être réexploitables par la suite. En effet, les élèves décrivent une procédure par rapport à un exemple très précis, ils ne savent comment la formuler pour qu'elle soit applicable à d'autres mots. Nous pouvons les y aider.
• Solliciter les élèves qui ont fait des erreurs pour chercher d'où elles viennent. Est-ce lié à la méthode utilisée qui n'était pas appropriée à la difficulté spécifique de ce mot, ou à un défaut de vérification ?

2 Deuxième séquence : exploiter la liste des méthodes répertoriées

• Donner cinq mots nouveaux à mémoriser. Proposer à chacun de changer de méthode, d'en choisir une nouvelle parmi celles proposées au tableau et de la mettre en application pour les mots de cette séquence.

Objectifs méthodologiques

Amener l'élève à :
- **expliciter son processus d'évocation,**
- **vérifier s'il relève du hasard ou d'une structure évocative personnelle,**
- **tester d'autres stratégies mentales,**
- **passer de l'évocation spontanée à celle choisie et dirigée en fonction de la difficulté à dépasser.**

COMMENTAIRES

Méthodes utilisées par les enfants 1

« J'ai répété les lettres et je les ai rassemblées. »

▶ **Épeler.**

« Je me suis souvenu de bouteille *pour le mot* embouteillage. *»*

▶ **Reconnaître un mot que je sais déjà écrire et retenir les lettres nouvelles. Les visualiser ou les épeler.**

« Pour le mot héritage, *j'ai pensé au mot* hérisson, *cela commence pareil. »*

▶ **Associer à un mot que je connais et qui comporte la même difficulté. Me parler de cette difficulté ou la photographier.**

« À tonnerre, *j'ai colorié dans ma tête les lettres doubles en rouge et j'ai prononcé plus fort. »*

▶ **Visualiser d'une autre couleur ou prononcer fort la double consonne.**

« J'ai vu dans ma tête un immeuble et j'ai posé deux m *dessus. »*

▶ **Visualiser ce que désigne le mot et écrire dessus les lettres difficiles.**

« J'ai pris en photo le mot dans ma tête et je l'ai repassée plusieurs fois. »

▶ **Photographier le mot en entier.**

« Pour immeuble, *je prends les deux* m, *je les retourne, je les pose l'un sur l'autre comme pour un immeuble. »*

« Pour myope, *il faut se souvenir du* y. *Si on le couche, il a une forme de lunettes. »*

« Estomac, *le* c *a une forme de poche, comme l'estomac. »*

▶ **Chercher ce qui est difficile dans le mot et lui donner une forme en rapport avec ce que raconte le mot.**

« J'ai dit tout haut les mots et je pensais à comment moi je les écrirais. Après je regardais sur l'étiquette ce qui n'était pas pareil. »

▶ **Prononcer le mot et repérer les endroits qui s'écrivent autrement qu'ils se prononcent.**

« Je me suis dit que quand on nettoie, on frotte plusieurs fois. C'est pour ça qu'il y a 2 t. *»*

▶ **S'expliquer la présence d'une double consonne.**

2

Certains élèves qui épelaient systématiquement découvrent qu'ils peuvent photographier le mot ou se faire des commentaires (ce qui correspondait en fait à un par cœur mécanique et non à de vraies tendances auditives. L'habitude a été prise par défaut d'imagination et non par réelle convenance personnelle).

D'autres constatent qu'ils ne peuvent changer de méthode et qu'ils reprennent la leur, ou bien combinent la nouvelle avec l'ancienne.

D'autres encore s'aperçoivent que la nouvelle méthode fonctionne bien pour certains mots et moins bien ou pas du tout pour d'autres.

3 Séquences suivantes : mémoriser l'orthographe de mots nouveaux

• Cette fois-ci, pour chaque mot, une méthode précise est préconisée : elle s'adapte particulièrement à la difficulté du mot.
Exemples :
Mot court : épeler, photographier, l'écrire dans la main, dans l'espace (P 2).
Mot long : s'intéresser aux syllabes difficiles.
Associer (P3) la forme des lettres à retenir (P2) à ce que désigne le mot (P1).
Associer à d'autres mots qui ont la même difficulté (P3 / P2).
Se raconter une histoire sur la syllabe difficile (P4 / P2).
Visualiser ce que désigne le mot (P1) et y inscrire les lettres à retenir (P2).
Mot compliqué : comparer avec la manière dont on l'aurait écrit spontanément. Épeler ou visualiser l'endroit mis en évidence (P3 / P2 avec alternance d'évocation en 1ère et 3e personne).
Double consonne : se raconter une histoire sur l'origine de la double consonne (P3 / P4).
La visualiser en couleur ou en très gros (P2).
Prononcer mentalement le mot en insistant sur la double consonne (P2 / P3).
Mot complexe : chercher un mot déjà connu. Comparer avec le mot à apprendre et mémoriser les lettres nouvelles. Les épeler ou les photographier (P3 / P2).

• Distribuer aux enfants de grosses pastilles de carton, vertes, orange et rouges. À l'issue de l'apprentissage d'un mot selon la méthode proposée, les élèves brandissent une des pastilles.
Verte : « Cette méthode me convient. »
Rouge : « Je n'ai pas réussi ou j'y arrive mais c'est vraiment difficile. »
Orange : « Je ne sais pas si cela m'aide ou pas. »
• Faire parler prioritairement les enfants qui ont brandi la pastille rouge. Loin de les convaincre d'évoquer selon la manière proposée, il s'agit de voir d'où vient cette difficulté, de les laisser s'exprimer sur ce qu'ils sentent bon pour eux ou pas. L'important est que chacun se positionne et découvre la différence entre un effort intellectuel tendu, « en force » et un effort souple, confiant.

4 Prolongements

1. Ce jeu d'évocation laisse les enfants plus autonomes sur leur manière d'évoquer.
• Donner la consigne de se mettre par deux.
• Distribuer à chaque élève du binôme une liste de cinq mots, différente de celle de son camarade. Chacun doit mémoriser les mots de sa liste et leur orthographe pour les transmettre à l'autre. Accorder quelques minutes à ce travail. Chacun utilise la stratégie de son choix.
• Ce temps écoulé, on cache les listes. Un élève épelle de mémoire un mot, son camarade doit deviner de quel mot il s'agit et l'écrire à son tour bien orthographié. Idem pour les autres mots.
Lorsqu'une erreur est constatée par l'émetteur, il redonne à son camarade l'épellation du mot sans lui dire où se situe son erreur.
• Changement de rôle : le récepteur de la liste devient à son tour émetteur. Il épelle pour son camarade les mots de sa propre liste.

2. « Lecture stop »
• Donner la consigne à toute la classe d'ouvrir le livre de lecture à une page déterminée. Annoncer aux enfants qu'ils doivent regarder particulièrement comment les mots s'écrivent. Lire tout haut, très lentement, et s'arrêter soudain. Dire « Stop ! ». Les élèves doivent lever le nez. En désigner un pour dire quel mot vient d'être lu et l'épeler de mémoire. Faire passer ainsi tous les élèves mais sans les prévenir d'avance.
Cet exercice peut être pratiqué aussi pour la dictée préparée. Veiller à ce qu'il soit court, 10 minutes au maximum, pour ne pas lasser car il est fatigant.

Démarche mentale guidée

Si on repère la particularité d'un mot, on peut y diriger son attention d'une manière plus ciblée. Cette séquence vise à mieux orienter l'activité perceptive des enfants. L'expérimentation d'approches variées pour le même type de mots leur permettra de choisir pour chaque catégorie l'évocation qui les met le plus à l'aise et qui s'avère la plus efficace. La performance, ici, est beaucoup moins importante que le regard des enfants sur leur évocations.

Il s'agit d'apprendre à choisir son évocation en fonction de la difficulté à dépasser.
Évocation du code orthographique (P2) seule ou en association avec d'autres paramètres : il n'est pas question ici d'établir une liste exhaustive de toutes les manières d'évoquer, ce serait trop long. Nous avons repris les procédures utilisées par les élèves dans les séquences précédentes.

Pour mener le dialogue, il faut avoir à l'esprit une loi du fonctionnement mental. Un élève ne peut évoquer d'une manière nouvelle que dans le prolongement de ce qu'il faisait déjà. Ainsi, un élève qui évoque visuellement pourra épeler seulement après s'être donné une image, celui qui évoque auditivement pourra visualiser à condition que ce soit dans le prolongement de ce qu'il se dit ou réentend. Cette loi peut éclairer les difficultés d'un enfant à s'essayer à une évocation nouvelle. Nous pouvons lui conseiller de commencer par l'évocation qui lui est la plus naturelle.

4

1. Épeler un mot n'est pas une performance réservée à un seul type évocatif. Cela peut se faire en partant d'évocations différentes. L'épellation demandée ici est le résultat d'un travail évocatif et non son point de départ.

2. Cet exercice vise à diriger l'attention des élèves vers le code orthographique. Veiller à lire très lentement. Il vaut mieux lire soi-même au début que de laisser lire tout haut les enfants. Pris par le récit, ils lisent à une vitesse trop rapide, ne permettant pas l'évocation en P2, éventuellement amorcée ou complétée par d'autres paramètres.

Principe de l'exercice

Tirer au sort 6 mots parmi un stock de déterminants, de noms communs, d'adjectifs et de verbes. Les écrire au tableau dans le désordre, comme ils sont apparus. À partir de ces mots, il faudra composer une phrase cohérente, tout en modifiant les terminaisons de manière à respecter les règles d'accord.
Ex. : ***« Les cherchait géant perd méchant princesse »***

Objectifs pédagogiques

- **Faire comprendre aux élèves la nécessité d'accorder les mots qu'on écrit, par le « choc » d'un ensemble de mots dont les terminaisons sont hasardeuses.**

DÉROULEMENT

Préparer en évocation les accords

• Penser au sens et à l'orthographe

Préparer un stock de mots dans chaque catégorie (une vingtaine).
Les choisir amusants, relativement concrets (éviter au départ les verbes intransitifs) et faciles à relier à d'autres du point de vue du sens.
Présenter les 6 mots tirés au sort en désordre sur le tableau.

• Choisir deux élèves pour jouer chacun un rôle après le tirage au sort.
Le premier est le « client de la banque ». Il détermine le mot qui s'accorderait mal aux autres du point de vue du sens, dans le but de le changer.
Il doit alors dire au deuxième qui joue le rôle du « banquier » quel genre de mot il veut en échange. Il devra préciser nature, genre et nombre.
Le banquier fouille dans le stock pour lui donner ce qu'il désire. Celui-ci ne doit pas voir les mots du tableau pour éviter d'être influencé dans son choix.
On pourra au besoin renouveler l'échange une fois mais pas plus.
Ex. : Le client décide de changer «***perd***» pour un déterminant féminin singulier. Il obtient «***cette***».
« Les cherchait géant méchant princesse cette »

• Donner oralement la consigne : observer les mots et composer mentalement une phrase à partir de ces mots. Pour que la phrase ait du sens, on peut éliminer un ou deux mots mais pas en ajouter.
• Préparer dans sa tête les accords. On peut changer un masculin en féminin ou un pluriel en singulier.
• Écrire la consigne dans un coin du tableau. Annoncer que le tableau sera effacé quand on écrira la phrase.
• Temps de préparation de la phrase, puis au signal, écriture.

• Correction

• Demander aux enfants de fermer le cahier d'essai, de manière à rester disponibles.
• Noter au tableau les différentes phrases trouvées. Entourer à chaque fois les terminaisons transformées. Inviter les élèves à comparer les phrases produites, à argumenter au besoin.
• Échange ensuite sur l'origine des erreurs.
• Dans les premières séances, montrer la variété de phrases que l'on peut construire. Par la suite, amener les enfants à chercher **la** phrase qui occasionne le moins de transformations possibles.

Les élèves sélectionnent un indice pertinent par rapport à leur but – construire une phrase cohérente – et modifient le reste en conséquence. Le rapport entre l'orthographe et le sens de la phrase est ainsi mis en évidence.
Du choix qu'on effectuera entre plusieurs accords envisageables, dépendra le sens qu'on veut donner à la phrase. Les élèves découvrent alors qu'une terminaison incohérente dans une phrase écrite les oblige à un choix entre plusieurs possibilités de sens différentes. Il s'agit de montrer que le code orthographique influe sur le sens et réciproquement.

Objectifs méthodologiques

- **Solliciter conjointement les paramètres 1, 2 et 3 pour un exercice d'orthographe : associer dans son évocation le sens concret des mots, leur regroupement et les règles d'accord auxquelles ils obéissent.**
- **Entraîner les élèves à l'activité mentale nécessaire pour orthographier : se déplacer mentalement (ou déplacer les mots) pour pouvoir les regrouper.**

COMMENTAIRES

Éviter une présentation linéaire qui risquerait d'influer sur les associations choisies.

« Le banquier et son client » doivent connaître parfaitement les classes de mots pour que les échanges soient rapides et efficaces. C'est une responsabilité valorisante qui pourra en motiver certains.

Au CE2, ce jeu peut se pratiquer tel quel ; au CM1 et CM2, il est possible de le compliquer : introduire progressivement des prépositions, des adverbes et des conjonctions de coordination. Le tirage devra passer à 10 étiquettes et on pourra les changer au maximum 5 fois.

- Consigne dite puis écrite.
- Temps d'évocation au cours duquel s'organise la production demandée.

Correction faite en évocation à partir du souvenir de ce que les enfants ont écrit.
Les différentes phrases qui ont été trouvées sont les suivantes :
Ce prince cherchait le méchant géant.
Cette méchante princesse cherchait le géant.
Les princesses cherchaient ce méchant géant.
Les méchants géants cherchaient la princesse.
Cette princesse cherchait le méchant géant.

Chercher la phrase qui occasionne le moins de changements oblige les élèves à soumettre le sens de la phrase aux possibilités d'accord qui se présentent.

FICHE D'ACTIVITÉ **4**

LA DICTÉE

La dictée pose un problème de gestion des différents pôles d'attention. Les mots s'enchaînent de façon linéaire, et l'élève doit éviter de se laisser prendre par cette perception pour pouvoir déplacer ou regrouper mentalement les mots faisant partie d'un même accord. C'est d'autant plus difficile que la nécessité d'écrire vite entraîne l'enfant vers des automatismes moteurs ne permettant pas l'évocation.

Objectifs pédagogiques

- **Décomposer les différents pôles d'attention que sollicite l'exercice de la dictée.**
- **Apprendre à les gérer un à un avant de les gérer simultanément.**

EXERCICES PRÉALABLES

1 Repérage des groupes nominaux de la phrase

• Principe de l'exercice

Des phrases seront travaillées au cours de cette séquence. À chaque élève est distribuée en photocopie une grille de la phrase qu'on appellera « le canevas » : chaque mot est représenté par un trait lui correspondant en taille. Les élèves auront à inscrire sur ce canevas **seulement les mots faisant partie du groupe nominal et qui seront à accorder.**

Ce canevas sert à placer les mots appartenant au même groupe nominal, tout en laissant un espace vierge pour les autres mots de la phrase.

• Présentation aux élèves

Solliciter les souvenirs des enfants sur ce qu'est un groupe nominal, sur les mots qui le composent : nom, déterminant, adjectif. Insister sur la notion de groupe. Comment les élèves pensent-ils ce mot? Donner des exemples (groupe d'amis, groupe familial...).

Montrer que les gens qui appartiennent au même groupe sont quelquefois éloignés les uns des autres géographiquement.

Établir un lien avec les séquences d'orthographe qui vont suivre : les élèves vont apprendre à regrouper dans leur tête les mots du groupe nominal pour pouvoir les accorder (même s'ils sont éloignés les uns des autres).

Inviter les élèves à évoquer ce qui vient d'être expliqué, que chacun se prépare à l'exercice qui va suivre.

• Mise en application

Demander aux enfants de penser à ce que raconte la phrase qu'ils vont entendre. Énoncer oralement : « *La voiture roule vite.* »

Annoncer qu'il faudra trouver les mots du groupe nominal. Redire la phrase.

Accorder un temps de recherche sans écrire.

Inscription des mots identifiés sur le canevas :

La voiture ___________ ________.

• Mise en commun. Certains élèves ne peuvent s'empêcher d'écrire tous les mots sur le canevas. Ce système est un peu déroutant au départ, il nécessitera plusieurs séances avant d'être compris par tous.

• Introduire progressivement des difficultés : ajout d'un adjectif épithète, puis d'un adjectif attribut, introduire enfin deux groupes nominaux dans la même phrase :

La voiture verte *roule vite.*

Cette grande voiture *me semble* ***belle.***

Le chat assis *regarde* ***la fenêtre.***

Quelques élèves rêveurs *regardent* ***par la fenêtre ouverte.***

Les deux groupes nominaux sont inscrits sur le canevas de deux couleurs différentes.

Terminer la séance par un temps de récapitulation mentale.

Ne pas hésiter à reprendre l'exercice dans la semaine qui suit de façon à assurer son ancrage.

Objectifs méthodologiques

• Encourager l'élève à ce que l'écriture sous la dictée soit le fruit d'une activité mentale effective.
• Mettre en évidence les différents projets qui la sous-tendent
• Orienter l'évocation vers le P3, la prise en compte des relations orthographiques qui unissent les mots de la phrase. Entraîner l'élève à « penser ensemble » les mots qui font partie d'un même accord.
• L'amener à repérer les accords même si parfois les mots sont spatialement éloignés les uns des autres, et lui éviter d'être emporté par le déroulement linéaire de l'écriture.

COMMENTAIRES

Reconnaître les groupes nominaux de la phrase 1

• Présentation aux élèves

Sollicitation des acquis scolaires et des évocations en P1.
Annonce de l'objectif qui permettra la mise en projet.
Évocation de la consigne.

• Adaptation au niveau

L'identification des groupes nominaux étant encore incertaine au CE2, on renouvellera ce travail jusqu'à ce qu'elle devienne automatique.
Au CM1, on pourra présenter les préalables à titre de rappel.
Au CM2, on pourra passer directement à la dictée canevas.

• Échange

Pour « ***Cette grande voiture me semble belle*** », Ludivine a oublié l'attribut « belle ».
« Quand j'ai dit la phrase, qu'as-tu fait venir dans ta tête ?
- Je voyais la voiture.
- Sur ton image, comment est cette voiture ?
- Euh, elle est grande.
- Je vais te redire la phrase, essaie de voir la voiture comme c'est indiqué dans la phrase. «***Cette grande voiture me semble belle.*** »
- Je la vois grande et brillante.
- Quel mot t'as permis de préciser ton image ?
- ***« belle »***
- Dis-moi maintenant les mots de la phrase qui vont avec ton image.
- ***Cette, grande, voiture et belle ».***

Ludivine avait oublié le mot « belle » parce qu'elle n'avait pas su le traduire dans son évocation. N'ayant pu le prendre en compte dans sa pensée, elle n'a pas pu le restituer. C'est par la prise en compte de son évocation et par son association avec la phrase entendue qu'elle a pu rectifier son erreur.

2 Repérage de la structure sujet / verbe

Les élèves identifient cette structure et n'écrivent que le sujet et le verbe sur leur canevas. Insister pour que l'identification des mots s'appuie sur le sens de la phrase.

• Travailler sur des phrases comportant des difficultés spécifiques : deux sujets pour un même verbe, sujet inversé, verbe très éloigné spatialement de son sujet, structure sujet / verbe placée à la fin de la phrase.

Ex. : *Le chien et le chat se regardent.*
Quand viendras-tu ?
Le coq, très fier de sa superbe crête, se promène dans la cour.
Penchés au bord du puits, les enfants regardent le fond.

DICTÉE PRÉPARÉE

1 Principe de la dictée canevas

Les élèves possèdent un canevas de la dictée qu'ils vont remplir à l'aide de plusieurs consignes successives.

1. Identifier les noms et les mots qui s'accordent avec. N'écrire que ces mots sur le canevas pour chaque phrase. Changer de couleur pour chaque groupe nominal.

2. Identifier le verbe conjugué de la phrase et le sujet auquel il se rapporte. Les inscrire sur le canevas dans une autre couleur.

3. Identifier les verbes à l'infinitif. Les écrire en noir car ils ne s'accordent pas.

4. Compléter avec les mots invariables. Les écrire aussi en noir.

Texte de la dictée :
Alice aperçoit, par la fenêtre entrebâillée, ce joli jardin qu'elle connaît.
Comme elle aime rêver parmi les plantes lumineuses et les claires fontaines !

Canevas reproduit au tableau et sur les feuilles des élèves :
Veiller à ce que le canevas du tableau ait exactement la même disposition que celui des élèves.

_______ ____________ _____ ___ __________ _______________ _____

_____ ________ __________ __________ .

__________ _____ _______ _______ ________ _____ _______

______________ ___ _____ ________ __________ .

• **Expliquer le système général** en utilisant un autre modèle de dictée contenant deux phrases. Remplir devant eux le canevas du tableau avec les couleurs selon le principe décrit précédemment. Ne rien commenter.
Leur demander ce qu'ils constatent. Les mots qui s'accordent se distinguent nettement par le jeu des couleurs. Les mots n'étaient pas écrits les uns à la suite des autres. Pourquoi ?

• Faire retrouver aux enfants l'ordre d'écriture des mots. Leur rappeler l'intérêt de cette décomposition qui permet d'apprendre à « attraper ensemble » les mots qui doivent être pensés ensemble. Leur expliquer qu'ils feront de même sur un autre texte.

• Première lecture du texte pour en comprendre le sens général, suivie d'un temps d'évocation, puis d'un échange sur son contenu.

Reconnaître les sujets et les verbes 2

Le chien ___ le chat se regardent.
__________ viendras-tu ?
Le coq, ____ ____ __ __ ______ ________, se promène _____ ___ _______.
________ ___ _____ ___ _______, les enfants regardent ___ _____.

Lorsque les élèves ont tous compris le système qui consiste à isoler mentalement certains groupes de mots, à les écrire et à les accorder, ils sont prêts pour appliquer ce principe à la dictée.

4 FICHE D'ACTIVITÉ

COMMENTAIRES

Dictée canevas 1

Les consignes se complètent par leur succession : identifier en premier les groupes nominaux permet d'éviter certains problèmes d'homophones grammaticaux (ce / se).
Cela facilite le repérage des verbes conjugués qui permet d'éviter les confusions (a / à, est / et) puis l'identification des verbes à l'infinitif.

La pose des mots invariables est l'étape la plus facile.

Le texte se limite à deux phrases : il s'agit d'une part d'apprendre la technique et d'autre part que les élèves prennent le temps d'évoquer.
• Éviter au départ d'insérer dans le texte des noms compléments de nom. Cette difficulté sera abordée ultérieurement.

• Difficultés d'accords spécifiques à ce texte : « entrebâillée » (accord non audible) et « joli » (les élèves ont tendance à l'écrire au féminin).
Sur le canevas, revenir à la ligne à chaque phrase.

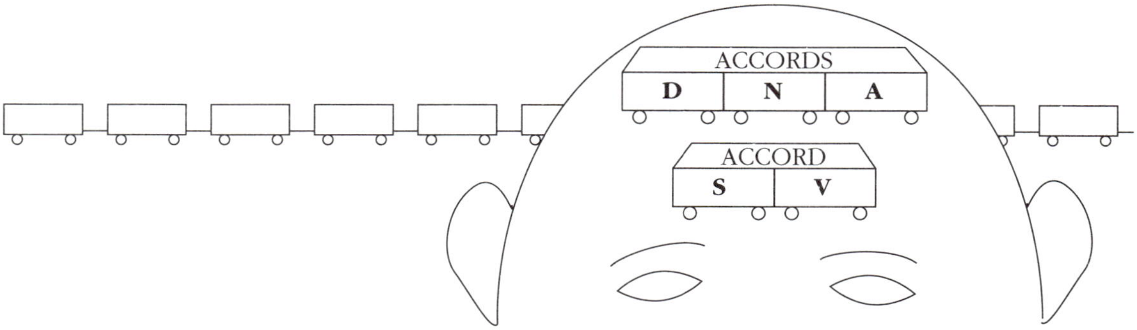

Présentation globale du but à atteindre
Explication de la nécessité de ce travail de décomposition.
Cette démonstration est nécessaire pour que les élèves qui en ont besoin puissent percevoir visuellement le système des couleurs et l'ordre d'inscription des mots. En comprendre d'emblée le sens général leur permet d'accepter un système un peu déroutant au départ. Cela évite des pertes de temps au moment des consignes.

Évocation du contenu du texte pour que les enfants soient par la suite plus disponibles à l'orthographe.

Approfondir le sens du texte en paramètre 1 avant de passer à la première consigne.

Première consigne

Recherche des noms de la phrase et des mots qui font partie du même accord.

• **Lecture de la première phrase.** Temps silencieux de recherche. Mise en commun. Préciser l'emplacement des mots à écrire sur le canevas du tableau par une petite croix. Changer la couleur de la croix pour le groupe nominal suivant.
Quand on a repéré les endroits, on s'imagine écrire avec la couleur indiquée et on s'interroge sur la manière de l'écrire. Les mots qui vont ensemble auront la même terminaison. Écriture des mots repérés.

• **Travail similaire pour la deuxième phrase**

Alice ___________ ____ la fenêtre entrebâillée, ce joli jardin ___' _____ _________.
_________ ____ _________ _________ _________
les plantes lumineuses ____ les claires fontaines.

Deuxième consigne

Repérage du verbe conjugué et de son sujet

Procéder de la même manière Symboliser les verbes par un petit rond sur le canevas du tableau. Inviter à s'appuyer sur ces repères pour se représenter la terminaison du verbe en rapport avec son sujet.
Écriture des mots dans une autre couleur sur le canevas (on peut garder la même pour les différents verbes de la phrase).

Alice aperçoit, ___ la fenêtre entrebâillée, ce joli jardin ___ elle connaît.
_________ elle aime _________ _________
les plantes lumineuses ____ les claires fontaines.

Troisième consigne : verbes à l'infinitif

Même déroulement pour l'annonce de la consigne, la lecture, le temps de recherche et l'énumération des mots trouvés. Se préparer mentalement à écrire les verbes à l'infinitif repérés. Écrire en noir.

Quatrième consigne : mots invariables

Ces mots ne s'accordent pas, ils « se pensent tout seuls ». Repérage puis inscription sur le canevas.

Correction

Chacun retourne sa dictée de manière à rester disponible pour le suivi de la correction.

• Écrire le corrigé sur le canevas du tableau. Inviter les élèves à repérer leurs erreurs. Il s'agit de corriger tout d'abord dans sa tête, ce qui permettra ensuite de corriger sa dictée de mémoire lorsque le canevas du tableau sera caché.

• Laisser un temps d'observation silencieux aux élèves. Commenter oralement aux élèves les accords difficiles.
Inviter à récapituler mentalement ce que chacun aura à corriger sur son canevas. Puis cacher le texte du tableau et procéder à la correction individuelle.

Conclusion

La dictée canevas sera pratiquée deux ou trois fois. Les élèves s'entraîneront à gérer ensemble les différents pôles d'attention dans les exercices de prolongement qui suivent.

Au cours de l'année, l'exercice pourra être repris ponctuellement en cas de besoin.

Première consigne

À ce moment, les élèves sont tentés d'écrire tout de suite ce qu'ils ont trouvé. pour eux, travailler, c'est écrire. Ils redoutent un peu l'effort inconnu que demande l'évocation.
Donner clairement la consigne de ne pas toucher aux stylos.
Temps d'évocation avant d'écrire pour chacune des consignes.

Pour éviter que les enfants ne se perdent dans le système des couleurs, on peut leur faire écrire les groupes nominaux alternativement en bleu et en vert, les accords sujets / verbes en noir et le autres mots au crayon à papier. Le rouge sera réservé à la correction.

Deuxième consigne

Ce peut être difficile pour certains élèves de dissocier verbe conjugué et verbe à l'infinitif. Préciser le sens de l'expression « verbe conjugué » et donner des exemples.
Le sujet peut faire partie des mots qui ont été écrits auparavant. Rappeler aux élèves cette éventualité.

Correction en évocation

Dans la mesure où les difficultés ont été décomposées et où les élèves ont beaucoup échangé au cours de la séquence, le corrigé peut être apporté directement sans donner lieu à des échanges supplémentaires. Cela permet de mobiliser la classe de façon nouvelle et redonne un second souffle à l'exercice.
Le commentaire verbal des difficultés relevées au cours de la correction aide les élèves qui évoquent auditivement à s'investir dans une perception visuelle.

Cette décomposition des difficultés est une étape intermédiaire qui va mener vers la gestion correcte d'une dictée traditionnelle. Les élèves peuvent craindre un trop grand ralentissement devant une telle décomposition. Leur préciser qu'il ne peut s'agir que d'un exercice ponctuel dont le but est de leur montrer comment penser. Ils pourront écrire sur un papier à l'issue de la séance ce qu'ils en ont pensé.

2 Prolongements : le procédé évolue vers plus d'autonomie

Prolongement 1

• Matériel : canevas au tableau + canevas individuel.
• Préparation complète et collective de la phrase. Repérage des 4 ensembles de mots et symbolisation au tableau par des croix, points et ronds de couleur. L'enfant fait de même sur son canevas.
• Temps d'évocation en s'aidant de ces repères. Dialogue sur ce qui a été pensé.

• L'enfant écrit la dictée en une seule fois, seulement lorsque la préparation complète a été effectuée.

Prolongement 2

Les consignes de décomposition ne sont plus données. Le canevas du tableau est supprimé. L'enfant dispose d'un canevas individuel qui sera le support de son évocation. La correction prendra ici un relief particulier.
• Lecture de la première phrase ; chaque élève suit avec son doigt pour repérer l'emplacement des mots.
• Deuxième lecture de la première phrase ; cette fois-ci, se représenter comment chaque mot s'écrit. Lors d'une hésitation sur une terminaison ou sur un mot difficile, placer un « ? » à cet endroit.
Encourager les élèves à inscrire tous les « ? » nécessaires. Inviter à bien garder ce doute en mémoire pour en reparler au moment de la correction.
• Écriture de la phrase sur le canevas. On tente quand même d'écrire les mots qui font l'objet d'un doute.
• Lecture et travail sur les phrases suivantes selon le même principe.

Correction au tableau

Il est important de la faire dans la foulée. Les élèves retournent leur canevas.
• Écrire la première phrase au tableau. Chacun compare avec le souvenir de ce qu'il a écrit. Proposer de repenser aux « ? » ou aux erreurs éventuelles et d'en faire part. Entourer chaque fois au tableau l'endroit qui a fait l'objet d'une erreur.
• Demander s'il s'agit d'une erreur d'usage ou d'accord.
- En cas d'erreur d'usage, inviter à mettre l'orthographe du mot dans sa tête pour corriger de mémoire tout à l'heure.
- En cas d'erreur d'accord, faire chercher par la classe ce qui pouvait aider à trouver l'accord. L'enfant qui a fait l'erreur écrit au dos de son canevas ce qui pourra guider sa réflexion la prochaine fois : la formulation de la règle oubliée ou le conseil méthodologique.
Procéder de la même manière pour les autres phrases.
Annoncer que la correction écrite se fera de mémoire.
Accorder un temps d'observation avant d'effacer le tableau.
Correction individuelle.

3

Remarques d'enfants

« C'est plus facile parce que l'on sait dans quel groupe placer les mots. Toute seule, je n'aurais pas toujours su le faire.
- On se rend mieux compte de ce que l'on sait ou pas.
- J'ai bien repéré les mots dans ma tête.
- On prend la peine de savoir ce qui va ensemble.
- On est sûr de bien savoir ce que l'on écrit.
- On ne confond pas les différentes sortes de mots.
- Cela nous aidera pour la dictée.
- C'est long mais on comprend ce que l'on fait.
- On n'aura pas le temps de le faire dans une dictée normale.
- C'est un peu embrouillé au début pour placer les mots, mais on s'habitue.
- Cela sert à réfléchir au lieu d'écrire automatiquement à partir du mot le plus proche.

Accorder un temps d'évocation plus long, car cet exercice sollicite une activité mentale plus complète.

Mise en projet d'exploiter la correction

Le manque d'investissement au moment de la correction vient du fait qu'elle tombe comme un verdict. L'enfant n'a pas pris le temps de se créer une attente, donc d'être en projet.

Repérer les mots facteurs de doute est aussi un moyen d'inciter les enfants à évoquer avant d'écrire.

Correction en évocation

Il s'agit d'orienter la mise en projet vers les prochaines dictées.

Ces notes constituent un matériel de travail individualisé et des pistes de progression précises pour les prochaines dictées.

3

- Si on a eu quelques erreurs, on les a comprises.
- J'ai compris qu'il fallait penser à une chose à la fois.
- Cela m'a intéressé parce que je suis un peu nul. Alors j'ai bien écouté et avec les couleurs, on voit mieux les accords.
- En imaginant l'action, le sujet, cela nous aide pour l'accord. »

LA DICTÉE

Cet exercice permet d'aller plus vite que lors de la décomposition en dictée canevas. On peut commencer à le pratiquer au CM1. Il est bien adapté aux élèves de CM2.
Les élèves qui « paniquent » lors de la dictée devant le flot de mots à écrire peuvent trouver dans cet exercice une sécurité ; la pose des numéros les détend par son aspect ludique (la situation ne ressemblant plus tout à fait à de l'orthographe) et offre un appui solide au moment d'écrire.
Par ailleurs, ceux qui oublient régulièrement d'accorder sont aidés. En effet, en évocation, leur vitesse de pensée leur permet de saisir les mots ensemble, tandis que l'écriture les ralentit et de ce fait, ne leur permet plus de capter la phrase de façon fluide. Leur énergie se mobilise sur l'effort d'écrire, ce qui leur laisse peu le loisir de réfléchir. Préparer les accords en évocation leur est nécessaire, le repère des numéros les aidera au moment d'écrire à ne pas se laisser aller à une activité purement motrice.

Objectifs pédagogiques

- **Gérer le déroulement linéaire de la phrase entendue en dictée. Répartir les mots au fur et à mesure de leur apparition en fonction des accords qui les unissent à ceux qui les ont précédés.**
- **S'entraîner à gérer des difficultés spécifiques :**
  - **accords sujet / verbe particuliers,**
  - **groupes nominaux présentant une gestion plus complexe des accords.**

DÉROULEMENT

1 Première séquence : exposition du principe

• Écrire une phrase au tableau. Placer le canevas correspondant dessous. Écrire numéro 1 sur le premier trait. Placer les numéros suivants et expliquer le principe à chaque fois. Tracer des flèches vers les mots qui commandent l'accord. Effacer la phrase et les numéros. Garder les flèches.

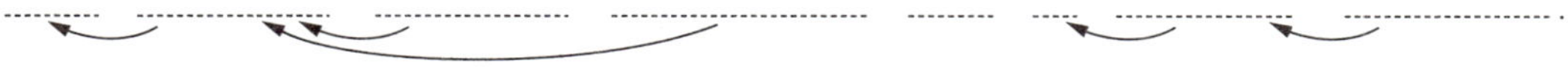

• Proposer aux élèves de retrouver le système dans leur tête. Replacer les numéros. Interroger ceux qui ont fait des erreurs. Redonner des explications complémentaires. Leur proposer de retrouver par eux-mêmes le principe pour le faire seuls sur la phrase suivante.

Ex. : *« Pour les vacances, nous irons cette année chez ma cousine germaine. »*

• Écrire la phrase au tableau avec le canevas dessous. Laisser un temps pour que chacun pose mentalement les numéros. Correction et échange.

______ ___1 __________1, _____2 ______2 _____3 ______3 ______ ___4
_______4 _____4.

• Annoncer que pour la pose des numéros, on reprend au numéro 1 à chaque début de phrase même si c'est un mot déjà utilisé auparavant.

Au besoin, travailler sur l'exemple suivant :
« La maîtresse prévient les enfants. Bientôt, ils sortiront de la classe. »

___1 __________1 _________1 ___2 _______2.
_______, ___1 ________1 ___ ___2 _______2.

À NUMÉROS

ORTHOGRAPHE

Principe de la séquence

Chaque élève a son canevas de dictée.
Sur chaque trait du canevas correspondant à un mot qui s'accorde, on pose un numéro (permettant d'identifier avec quel autre mot il s'accorde).
Le premier mot de la phrase porte le numéro 1.
Si le deuxième mot s'accorde avec le premier, on inscrit de nouveau numéro 1 sur le deuxième trait. Si le mot suivant ne s'accorde pas avec les deux premiers, il prend alors le numéro 2. Et ainsi de suite.
Les mots invariables ne portent pas de numéro car ils se pensent tout seuls.
Ex. : Les enfants rêveurs regardent par la fenêtre ouverte.

___1 ______1 ________1 ___________1 ___ ___2 _________2 ________2

Cette pose des numéros s'effectue sur le canevas avant la dictée. L'élève s'appuie dessus pour préparer en évocation la gestion des accords.

Objectifs méthodologiques

- **Focaliser le geste d'attention sur la gestion simultanée des différents accords. Orientation du projet dans cette direction.**
- **Installer des points de repère tangibles, supports d'évocation.**
- **Solliciter les paramètres 2 et 3 en évocation.**
- **Relier l'explication des règles d'accord à leur mise en application.**

COMMENTAIRES

Présentation visuelle et verbale du principe 1

Ici, une mémorisation des numéros n'aurait pas d'intérêt. Nous préférons que les élèves se souviennent seulement du principe. C'est pourquoi nous ne les avons pas prévenus que les numéros seraient effacés.

Temps d'évocation de la consigne avec mise en projet d'appliquer

On s'assurera que le principe a été intégré par tous les élèves avant de passer à la dictée préparée.
Renouveler au besion l'exercice avec d'autres phrases.
Il sera peut-être nécessaire d'y consacrer plusieurs séquences très courtes.

2 Deuxième séquence : dictée préparée

« Si j'arrache deux crins à la queue d'une jument très effrayée et si je les place dans un bocal plein de terre noire et humide, les crins se changeront en serpent pendant la nuit. » (d'après Roald Dahl)

• Lecture du texte à voix haute. Prévenir auparavant les enfants de faire attention à ce que cela raconte.

• Distribution des canevas individuels. Inscrire le canevas au tableau. Lecture plus lente pour que chacun puisse poser au crayon les numéros sur le canevas.

S'arrêter à chaque phrase. Inscrire après les élèves les numéros de la phrase sur le canevas du tableau. Chacun vérifie la pose des siens et corrige si besoin.

• Temps d'échange pour s'assurer que si on a fait une erreur, on en a bien compris l'origine et que le système a été bien intégré.

Lorsque tous les numéros de la dictée sont posés, relire la première phrase. Laisser un temps et inviter les élèves à se représenter ce qu'ils vont écrire et à s'appuyer pour cela sur les numéros.

• Écriture de la phrase. Idem pour les phrases suivantes.

3 Progression : travailler des difficultés spécifiques

1. Accords sujet / verbe particuliers

Pronom COD entre le sujet et le verbe

Distribuer aux élèves des canevas correspondant aux phrases suivantes :

Ils le prennent. ___ ___ __________.

Tu lui parles. ___ ___ __________.

Elle les attaque. ___ ___ __________.

• Lecture des phrases. Interroger sur le sens donné en paramètre 1. Qu'ont-ils imaginés ? À quelle situation chacune de ces phrases peut-elle faire référence ?

Pose des numéros sur le canevas du tableau et dictée.

Le schéma suivant est inscrit au tableau :

Sujet – – – – Pronom COD – – – – Verbe
(Sujet et Verbe reliés par un trait continu)

– – – absence d'accord

_____ accord

• Observation silencieuse par les enfants. Commentaire verbal ensuite pour ceux qui le souhaitent. Inviter les élèves à retrouver les phrases écrites sur le canevas et à les replacer mentalement sur ce modèle. Échange et correction orale.

• **Variante :** distribuer aux élèves les canevas des phrases suivantes :

J'entends mes amis, je les appelle.

J'ai repéré des taches sur le mur, on les voit d'ici.

Les surveillants discutent avec ma mère, ils lui parlent certainement de mon retard.

• Après lecture de chaque phrase, proposer aux élèves de noter seulement les numéros de l'accord sujet / verbe. Ils sont ainsi amenés à isoler cette difficulté particulière. Ils pourront par la suite la repérer d'eux-mêmes dans une dictée.

• Dicter ensuite les phrases.

Deux sujets singuliers pour un même verbe au pluriel

Phrase proposée :

Mon frère et son ami cherchent un jeu car ils s'ennuient.

_1_ ___1_ __ _2_ ___2_ _____1/2_ _3_ ___3_ ____

_1/2_ __ _____1/2.

Le verbe qui a deux sujets porte deux numéros.

Sujets inversés

Phrase proposée : Tandis que *grésillaient les cigales* et que *soufflait le vent,* l'âne faisait entendre son braiment dont *s'amusaient* tant *les enfants.*

2

___ ___1 ________1 _______2 _______2 ___ ___3 ________3 ___ _____4 __________4 _____

__________4 ___ ___ ___1 ___2 ________1 _______ ___5 ________5 _______5 ___

______6 _______6 ___ __________6, ___2 _______2 ___ _______________2 ___

_________7 ___________ ___8 _____8.

Mise en projet de comprendre le texte

Si, la première fois, les élèves ont eu des difficultés dans la pose des numéros et ont fait de nombreuses erreurs, prévoir des canevas supplémentaires. Leur en donner un autre vierge pour pouvoir recopier les numéros du tableau.

Prévoir des exercices supplémentaires pour les élèves au rythme rapide qui risquent de s'impatienter en attendant les autres. Il est important que chacun, à cette étape, dispose de tout le temps nécessaire sans être pressé par ceux qui ont déjà compris.

Temps d'évocation des accords avant d'écrire

La pose des numéros est insuffisante pour pouvoir accorder si l'élève reste en perception. Le seul but de cette préparation est de servir de support à l'évocation des accords.

Compter deux séances avant que le système soit vraiment compris. Il faudra ensuite effectuer plusieurs dictées sur ce modèle avant que les élèves puissent s'en inspirer pour les dictées classiques.

On pourra également utiliser la méthode des numéros pour faire relire et corriger l'orthographe d'un texte écrit sous la dictée ou rédigé par les enfants.

3

Le canevas à numéros peut aussi apprendre à gérer des points très précis dans l'application des accords. Commencer les entraînements particuliers avant la dictée démontre aux élèves l'intérêt de ces numéros et leur permet d'accepter plus facilement un changement d'habitudes.

L'évocation en P1 ramène au sens de la phrase. Elle est indispensable pour gérer cette difficulté.

Sollicitation du P3 : il s'agit de diriger l'évocation sur la relation entre les exemples et la règle.

Pour ces phrases, il s'agit d'introduire un pronom COD, qui induit en erreur : il est au singulier quand la structure sujet / verbe est au pluriel, et inversement.

Pour identifier des structures sujet / verbe présentant des difficultés, rappeler aux enfants la nécessité de s'appuyer d'abord sur le sens concret de la phrase. Il s'agit de partir de l'évocation en P1 pour gérer l'accord.

L'élève est obligé de repérer l'ensemble du groupe V / S et l'évoque pour pouvoir poser les numéros correspondants.

2. Groupes nominaux particuliers

Nom complément du nom : pas d'accord avec le nom qu'il complète

• Distribution du canevas correspondant aux deux phrases suivantes. Lecture des deux phrases et pose des numéros. Correction avec le canevas du tableau.

Je regarde la petite voiture de mes parents.

__1__ __________1 __2__ _______2 __________2 ___

__3__ _________3.

Je marche à travers les immenses champs de blé.

__1__ _________1 ___ _________ __2__ __________2

______2 ___ ____3.

Comment peut-on se souvenir que « mes parents » porte un nouveau numéro même s'il complète le mot voiture ? (même question pour blé par rapport à champs)

• Proposer aux élèves le schéma suivant :

Déterminant — Nom < Adjectif / Nom complément du nom

• Inciter les enfants à associer l'évocation des exemples étudiés au schéma.

Adverbe entre un nom et un adjectif qui s'accorde

Phrase proposée :

Les enfants, tellement contents de la soirée, applaudissent.

__1__ _______1, ________ _________1 ___ __2__ ______2,

___________1.

L'adverbe ne porte pas de numéro car c'est un mot invariable.

Proposer le schéma suivant :

Déterminant — Nom - - - Adverbe - - - Adjectif

Pour mettre en relief cette particularité, choisir des phrases présentant un nom pluriel avec un complément du nom singulier ou l'inverse.

Les enfants qui se donnent des images successives, illustrations d'évocations auditives, peuvent comprendre que les mots qui se rapportent à la même image portent tous le même numéro ; ils s'accordent.
C'est le cas du déterminant, du nom et de l'adjectif (*la petite voiture, les immenses champs*).
Le complément du nom apportant une deuxième image, ce mot ne s'accorde pas. (*Les parents* amènent une image différente de *la voiture*.)
Ce système ne fonctionne pas pour ceux qui se donnent une évocation visuelle première dans laquelle toutes les informations s'insèrent simultanément. *Les parents* sont contenus dans la même image mentale que *la voiture*.

La loi accessible à tous les enfants quelles que soient leurs évocations est la suivante :
« Quand deux mots qui se suivent désignent deux choses différentes, je change de numéro. Quand ils se rapportent à la même chose, je garde le même numéro. »

Les enfants ont tendance à oublier d'accorder *contents* parce que *tellement*, qu'ils reconnaissent aisément en tant que mot invariable, a interrompu l'impulsion d'accorder.

Remarques d'enfants

« C'est comme une petite révision.
- Je trouve que cette manière avec les chiffres est très bien. On se repère. Cela apprend à bien réfléchir, à regarder.
- Il faudrait continuer à s'entraîner de cette façon.
- C'est facile pour savoir ce qui va ensemble au moment d'écrire.
- C'est difficile au début de trouver les nombres mais c'est plus facile pour les accords.
- Cela m'a apporté un truc pour mes dictées.
- J'ai appris à mieux réfléchir même pour les dictées habituelles.
- C'est un peu long au début de comprendre le système des chiffres mais ensuite cela m'a aidé. »

3 La lecture

Au cycle 3, a priori, la question du déchiffrage pur ne se pose plus. Le sens constitue le noyau autour duquel l'activité de lecture, orale ou silencieuse, doit être centrée.

ANALYSE DES DIFFICULTÉS DES ÉLÈVES

Les écueils de la lecture superficielle

Dans la difficulté de prendre en compte la complexité des informations données, l'élève « grapille » quelques éléments significatifs qui l'ont marqué et à partir desquels il bâtit des hypothèses sur le sens de ce qu'il lit. Certains mots clés sont laissés pour compte, ou bien les phrases ont toutes été appréhendées en juxtaposition sans que l'élève ait pu établir des relations lui permettant de saisir l'implicite du texte. Il suffit qu'un écrit présente des retours en arrière, des extrapolations, ou des contradictions, pour que le sens soit déformé ou devienne inaccessible.
Les questions auxquelles il faut répondre nécessitent une lecture plus ou moins attentive. Celles qui reprennent des termes formels du texte ou dont la réponse est inscrite noir sur blanc à l'intérieur d'un paragraphe sont relativement bien traitées. En revanche si la question posée porte sur les liens logiques, sur l'implicite du texte, ou sur une déduction, les réponses sont souvent erronées.
Entre la lecture superficielle menant à l'interprétation abusive et le rejet global : « *Je n'ai rien compris* », l'enfant ne sait comment se comporter devant une difficulté.

Comment relire ?

Mot de vocabulaire inconnu ou mal connu, lien logique non saisi, indice allant à l'encontre de la première hypothèse venant à l'esprit, l'enfant glisse sur la difficulté, n'ayant pas pris conscience de l'existence d'un élément perturbant. Il ne sait pas identifier ce qui fait trébucher son attention ; le texte suscite une impression globale sur laquelle il reste, même si elle est erronée, faute de savoir comment orienter différemment l'activité de lecture.
Pour les élèves, lire et relire signifie faire acte de suivre des yeux le texte. Ne sachant comment évaluer la qualité de leur lecture, ils ne savent comment l'approfondir et ont tendance à reproduire à l'identique leur première tentative.

L'ÉCLAIRAGE DE LA GESTION MENTALE

La recherche du sens

L'essence même de l'activité de lecture est dans **la recherche du sens** du texte, par l'élaboration d'hypothèses que l'on vérifie. Il s'agit d'une activité de recherche, quelquefois tâtonnante, et c'est bien vers cette attitude intellectuelle qu'on tentera de guider les élèves. Les activités de lecture les plus motivantes et les plus fines seront inutiles tant qu'ils ne sauront diriger leur activité mentale, de l'intérieur.

La gestion de l'attention

Gérer son attention prend un relief particulier, notamment sur un texte long. Le risque de « décrocher » mentalement ou de glisser sur un élément significatif oblige à une vigilance qui s'apprend. On peut répéter souvent aux élèves de « faire attention », ils ne changent pas d'attitude pour autant. Leur demander d'évoquer n'est pas plus efficace, si on se contente de le leur dire. **Les amener à sentir par eux-mêmes le bien-fondé des pauses évocatives** s'avère plus efficace.

• Mettre en rapport la qualité de leurs réponses aux questions de lecture avec la fréquence et l'intensité du travail évocatif apporte une motivation pour changer ses habitudes de travail.

• Aborder un énoncé, groupe de mots par groupe de mots, susciter un travail évocatif à chaque étape, et en vérifier la précision sont des activités qui s'apprennent. Les pauses évocatives seront marquées par des bâtons à l'endroit où elles auront été effectuées, les mots pris en compte dans l'évocation pourront être soulignés pour établir un contraste avec les autres mots et susciter un approfondissement. Il s'agit à la fois de poser des « ralentisseurs » pour favoriser l'attention et de symboliser par une trace concrète la démarche de l'évocation. Découvrir que l'information n'a pas été prise en compte dans son intégralité motive pour relire.

Le geste de compréhension

Comprendre est évidemment au centre de l'activité de lecture. C'est dans l'aller-retour qui s'effectue entre la construction d'une hypothèse et sa vérification qu'émerge la compréhension. Il va falloir montrer à l'élève que le sens d'un texte n'est pas systématiquement acquis en une seule lecture et qu'il s'agit de mener une recherche active, par l'élaboration d'hypothèses autant sur le sens de ce qu'il a lu, que sur la suite qu'il va lire.

Faire émerger les évocations qui orientent inconsciemment la lecture et leur donner le statut d'hypothèses constituent l'amorce du geste de compréhension. Vérifier ces hypothèses sera possible grâce au **projet de repérer les indices qui les confirment ou les infirment.**

En effet, la tendance à plaquer du sens sur un texte au lieu de chercher à le découvrir est un obstacle à la compréhension, d'autant plus important que l'élève ne s'en aperçoit pas. Prendre en compte ses propres attentes sur la suite du texte, d'une part les rend moins envahissantes et, d'autre part introduit une mise en relief. On peut mieux remarquer ce qui surprend, contredit ou confirme ces premières hypothèses. Le sens que l'on donne au texte se modifie, se précise au fur et à mesure qu'on lit et relit à condition de se donner un projet de vérification.

Ce travail sur les hypothèses doit être détaillé, mené avec les élèves de manière précise pour qu'ils puissent y faire référence et le réaliser seuls par la suite. Ce réflexe s'acquiert avant tout par l'expérience.

Cette vérification des évoqués fera l'objet d'une démarche guidée, rendue la plus concrète possible pour que les élèves puissent l'intégrer à leurs habitudes et surtout en comprendre la nécessité. Nous l'abordons aussi bien dans la lecture d'un texte que pour des énoncés.

FICHE D'ACTIVITÉ **6**

« AVOIR LES YEUX

La sollicitation vers de nouvelles perceptions empêche l'élève de récapituler, de se donner une pause pour pouvoir rebondir. La tête risque de se vider à mesure qu'elle se remplit. Le désir d'être déjà arrivé en bas de la page prime, au détriment de la compréhension du message délivré par le texte.
Un autre écueil vient du fait que les enfants se donnent au cours d'une seule lecture uniquement les évocations utiles pour saisir le fil conducteur de l'histoire.

Objectifs pédagogiques

- **Guider l'élève vers une lecture plus approfondie. Lui donner des moyens méthodologiques à expérimenter, et à adapter à ses propres besoins.**

DÉROULEMENT

1 Première séquence : **texte narratif**

• Choisir un texte relativement long. Préparer des questions portant sur son contenu.
• Expliquer aux élèves l'expression courante « avoir les yeux plus gros que le ventre ».
• Comparer ensuite avec l'expression suivante, écrite au tableau : *« avoir les yeux plus gros que la tête »*. En faire deviner le sens. L'expliquer : « Quand on lit, les yeux arrivent en bas de la page et on ne sait plus ce qu'on a lu. On n'a pas pu tout garder dans sa tête. »
• Solliciter le souvenir de moments où les enfants ont lu de cette manière.

• Annoncer que la lecture d'aujourd'hui va être menée d'une manière « spéciale ». Les enfants devront marquer des arrêts réguliers. **Ils doivent laisser une trace de leurs arrêts par des bâtons inscrits au crayon à l'endroit correspondant.** Leur imposer un minimum de trois arrêts dans la lecture. Ils choisissent eux-mêmes le moment ou l'endroit dans la lecture.

Pendant cette pause, ils lèvent les yeux du texte, et laissent revenir les mots, les bruits, les images, les sensations, les émotions suscités par le texte, **mais sans fouiller dans leur tête**.
S'ils ont l'impression d'avoir en tête le contenu du passage lu, ils peuvent poursuivre jusqu'à l'arrêt suivant. Dans le cas contraire, ils relisent le passage avant de poursuivre.
• Lorsque la consigne a fait l'objet d'un temps d'évocation, de vérification et de précisions apportées, distribuer le texte.
Après avoir tout lu, les élèves retournent la feuille (ou ferment le livre).
Ils lisent les questions pour savoir s'ils sont en mesure d'y répondre. Ils essaient de situer mentalement à quel endroit du texte ils pourront trouver la réponse. Ils retournent ensuite au texte, pour en relire les paragraphes contenant la réponse précise aux questions.

• Ouvrir le dialogue pédagogique sur l'intérêt de ces pauses. De quelle manière les ont-ils exploitées ?
• Mettre en relief la facilité qui en découle pour savoir où trouver ensuite, dans le texte, les réponses aux questions. Ont-elles été efficaces et suffisantes au regard des résultats obtenus aux questions ?

2 Séquences suivantes

• Texte descriptif ou texte informatif
Choisir un texte plus court et procéder de la même manière.
La pause des bâtons sera nécessairement plus fréquente.

• Textes pour agir
Renouveler l'exercice avec une recette de cuisine, l'explication d'un jeu, ou la lecture d'un énoncé.
Ici, les questions sont remplacées par l'action à mener conformément aux informations lues. Les pauses devront être encore plus fréquentes.

Si elle est nécessaire, cette première prise de contact avec le texte n'est pas suffisante. Pour pouvoir répondre à des questions sur la lecture, les élèves doivent aussi avoir pris le temps d'identifier l'ordre, la progression et la place des informations. Ils pourront alors sélectionner le passage contenant l'information cherchée, en s'appuyant sur l'évocation de sens qu'ils ont pris le temps de construire.

Objectifs méthodologiques

- **Apprendre à se ménager régulièrement des pauses évocatives.**
- **Évaluer pour soi-même la fréquence des pauses nécessaires à une lecture efficace et confortable.**
- **Comparer les différents types de textes et les pauses que chacun requiert.**

COMMENTAIRES

Consigne détaillée concernant la pause évocative 1

Ces pauses n'obligent pas les élèves à mémoriser le contenu de la lecture, puisqu'ils pourront le relire à loisir pour répondre ensuite aux questions. Elles sont l'occasion de faire exister mentalement le sens de ce qu'on lit, d'en vérifier la validité, de le mettre en correspondance avec la disposition visuelle du texte.

Certains élèves posent d'avance leurs bâtons selon l'allure du texte, d'autres attendent de sentir leurs moments de saturation. L'échange qui suit doit rester très ouvert pour que chacun se sente libre d'exprimer ce qu'il a fait réellement pendant les arrêts. Sinon, nous prenons le risque que les enfants placent des bâtons partout, pour nous faire plaisir, sans effectuer le travail mental correspondant.

Il faudra plusieurs séances et plusieurs temps d'échange pour que les élèves établissent un rapprochement entre la fréquence des pauses évocatives et les résultats obtenus aux questions. Ils répugnent à être dérangés dans leurs habitudes. La prise de conscience de la nécessité de s'arrêter ne pourra être que progressive.

Cette approche demande d'individualiser les conseils. Il serait inopportun d'imposer un nombre systématique de pauses à tous. C'est à chaque élève de sentir ce qui lui permet une lecture à la fois efficace et agréable.

2

Lorsque le texte est relativement court, certains élèves peuvent préférer se donner une première lecture globale pour avoir une idée générale de son contenu et le relire ensuite plusieurs fois. Les pauses d'évocation se feront pour eux à l'issue de chaque lecture. Ces élèves préfèrent évoquer plusieurs fois une globalité plutôt que d'évoquer morceau par morceau.

Le dialogue pourra mettre en évidence ce besoin chez certains enfants.

Cette séquence sert de support à un échange avec les élèves sur le risque de « plaquer du sens » au lieu d'être dans une attitude de recherche. Les élèves se donnent une idée du contenu du texte à partir de quelques indices et ne sont attentifs qu'à ce qui confirme cette première idée. Un travail sur le projet permet

Objectifs pédagogiques

- **Placer l'élève devant des textes obligeant à une lecture attentive pour pouvoir gérer les indices contradictoires qu'ils comportent.**
- **Lui faire découvrir une méthodologie de lecture précise, par une meilleure prise en compte des données.**

DÉROULEMENT

Lecture guidée

• **Choisir un texte comportant des éléments contradictoires, inattendus ou nécessitant de prendre en compte des informations implicites :** histoires drôles, saynètes à jouer... Le découper en plusieurs parties significatives.

• **Distribuer seulement la première partie.** La faire lire aux élèves. Donner ensuite la consigne de retourner la feuille.

Faire évoquer à nouveau le contenu du passage, et au besoin, relire.

Chacun écrit au dos de la feuille les idées qu'il a eues spontanément sur la suite de l'histoire. Insister sur le fait qu'on écrit seulement les idées spontanées qui sont venues à l'esprit. Il ne s'agit pas à ce stade de chercher à deviner la suite de l'histoire.

• **Distribuer la deuxième bande de papier comportant la suite de l'histoire.**

Avant de la lire, les élèves se mettent en projet de chercher ce qui est nouveau ou différent par rapport à leurs hypothèses. Ils le souligneront au crayon. Ceux qui n'ont pas eu d'idées soulignent ce qui est pour eux surprenant, inattendu dans la lecture.

• Poursuivre de la même façon avec les parties suivantes du texte.

• **Poser ensuite des questions** auxquelles les enfants doivent répondre par écrit. Demander entre autres « Qui a volé les bijoux ? »

Le dialogue pédagogique tournera autour du projet de lecture. A-t-il amené à vérifier, à préciser ses propres évocations ? Certains élèves ont-ils été gênés par le projet de trouver des informations en contradiction avec leurs premières suppositions ? Auraient-ils eu besoin de passer d'abord par la recherche d'une confirmation ?

• **Variante**

Les élèves peuvent noter au dos de chaque bande ce qu'ils n'auraient pas compris et lire la suite ou relire le passage, avec le **projet de chercher des éléments d'information supplémentaires en rapport avec ce qui était incompréhensible.**

L'important dans ce cas n'est pas de trouver écrite, noir sur blanc, la réponse à la question qu'on se pose mais d'évoquer tous les éléments d'information en rapport avec le sujet. Le nouvel élément recueilli pourra apporter un éclairage significatif.

Remarques d'élèves

« Quand on lit, on laisse passer des mots difficiles. Après, on comprend pas très bien l'histoire. Si on s'arrête et on essaye de réfléchir, on relit et on comprend ce que c'est.

- Ça m'a aidé de lire par petits bouts, je comprends mieux.

- Quand on écrivait derrière la feuille et qu'on comparait avec l'autre feuille, je me rendais compte que c'était pas ça. Il fallait que je change ce que j'avais mis dans ma tête.

- Ça m'a aidé à trouver les réponses parce que je me suis rendu compte qu'il fallait tout relire. »

de prendre conscience de ce risque. Chercher ce qui est nouveau, ou différent par rapport à ses propres hypothèses, ouvre l'évocation vers une prise en compte plus large des données.

Objectifs méthodologiques

- **Explicitation du geste de compréhension et mise en situation.**
- **Élaborer des hypothèses sur le sens de ce qu'on a lu et sur ce qui va suivre, à l'occasion des pauses évocatives.**
- **Orienter la mise en projet vers le repérage des indices qui contredisent ou confirment ces hypothèses.**

COMMENTAIRES

Pour le texte ci-contre, insister sur la nécessité de tout lire, le texte autant que le contenu des bulles.

QUI EST LE COUPABLE ?

Une mini pièce de théâtre à jouer devant des spectateurs

1

Hercule entre avec sa mallette et son appareil photo. Séraphine a l'air désespérée.

Séraphine parle fort et gesticule. Hercule ouvre sa valise.

Séraphine montre un rouleau à pâtisserie. Hercule ouvre la poudre à empreintes.

2

Séraphine éternue. La farine s'éparpille. Elle en a sur le nez. Hercule en a dans les yeux.

Séraphine met sa main devant son front et regarde les spectateurs.

Séraphine montre du doigt les spectateurs et Hercule les regarde avec ses jumelles.

3

Hercule montre un spectateur du doigt, le photographie puis s'avance vers lui.

Hercule sort les bijoux de sa poche en faisant mine de les sortir de la poche du spectateur.

Hercule saisit le spectateur par la manche et salue l'assistance. Séraphine met les bijoux.

Les erreurs dans la résolution des problèmes trouvent le plus souvent leur origine dans un défaut de compréhension de la situation décrite dans l'énoncé. Il s'agit donc d'une question de lecture avant d'être un problème de résolution mathématique. Les élèves butent sur des mots de vocabulaire inconnus ou se pré-

Objectifs pédagogiques

- **Explicitation de l'activité mentale nécessaire à la juste compréhension des énoncés.**

DÉROULEMENT

1 Première séquence : découverte progressive de l'énoncé

• Annoncer aux élèves l'objectif visé, celui de s'exercer à lire « autrement » un énoncé de manière **à savoir comment faire pour éviter les erreurs**.
• Les inviter à s'exprimer sur leurs impressions, émotions, façons de se comporter devant un problème à résoudre.
• Découper l'énoncé en groupes de mots significatifs.
Ex. : *Un plombier / coupe / trois fois / un tuyau / long de 12 mètres / pour obtenir / des morceaux / de même longueur.*

• Faire apparaître successivement chaque groupe de mots au tableau, le faire évoquer avant de l'effacer et le remplacer par le suivant.
Inviter les élèves à se souvenir des mots qui ont précédé, à faire le lien avec les mots qui seraient susceptibles de suivre.
• Amener chaque fois les enfants à dire ce qui se passe dans leur tête. On communique les images, les bruits, les commentaires, les paroles. On témoigne de ses évocations ainsi que des hypothèses anticipatrices de la suite de l'énoncé.
Cibler l'échange sur la prise de conscience des enrichissements ou des manques à l'intérieur de sa propre traduction. L'enfant qui ajoute des éléments en a le droit, à condition de savoir que c'est lui qui les a ajoutés.
• Ne pas donner la question pour l'instant.

• Chacun récapitule mentalement l'énoncé dans son ensemble. Annoncer qu'on va « traduire » ce qu'on a compris sous la forme d'une explication personnelle ou d'un schéma. Inviter à préparer sa traduction dans la tête avant de la réaliser sur le cahier.
• Refermer ensuite les cahiers et présenter au tableau, de la même manière que précédemment, la succession des groupes de mots. La consigne est de vérifier si chaque groupe de mots a été pris en compte dans la traduction.
• Écrire enfin la question. Les élèves résolvent le problème.

2 Deuxième séquence : prise en compte globale de l'énoncé

Elle sera suivie d'une vérification.
• Écrire un autre énoncé en entier au tableau.
• Lecture intégrale suivie d'un temps d'évocation.
• Traduction sur le cahier en phrases personnelles, en schéma, ou les deux. Chacun referme son cahier. Distribuer aux élèves une photocopie de l'énoncé écrit. Ils doivent souligner sur ce libellé chaque mot pris en compte dans la traduction de leur cahier. Il faudra s'intéresser à chaque mot de l'énoncé. Les mots non soulignés devront alors être intégrés à l'explication écrite ou au schéma.
• Résolution du problème.
• Lancer le dialogue pédagogique sur le système de lecture qu'on a préféré et qui s'est révélé le plus efficace.

cipitent sur les opérations à effectuer sans avoir pu donner de sens à leur lecture. Les inviter à lire et relire l'énoncé relève du vœu pieux car l'émotion précipitante prend le pas sur une attitude rationnelle. Il s'agit de leur donner des moyens concrets pour lire activement et sans déformer.

Objectifs méthodologiques

- **Amener les enfants à prendre en compte chaque mot ou groupe de mots de l'énoncé, à l'étape de l'évocation ainsi qu'à celle de la vérification.**
- **Proposer des prises de contact différentes avec l'énoncé (globale ou suivant une progression linéaire), pour que chacun identifie le mode de lecture lui convenant le mieux.**

COMMENTAIRES

1

Choisir l'énoncé de façon à ce que sa traduction soit nécessaire pour la résolution du problème
Faire en sorte qu'il y ait des calculs intermédiaires à effectuer ou qu'un chiffre « sous-entendu » soit à prendre en compte dans le calcul.

Éviter pour cette séquence les énoncés comportant des mots difficiles, comme, « chacun, tous… », lourds de sens et qui feront l'objet d'un approfondissement particulier.

Sollicitation du geste de compréhension
L'apparition successive des mots de l'énoncé inscrit chacun d'eux dans un rapport significatif avec ceux qui précèdent et avec ceux qui suivent. Pour donner du sens aux mots écrits au tableau, l'enfant évoque ceux qui ont précédé et anticipe la suite possible. Il ne peut donc rester passif devant le tableau.

Il est amené à émettre des hypothèses :
« J'entends 4 coups de ciseaux.
- Je vois le plombier, il a un habit bleu, il coupe avec une scie un petit tuyau. »
Inciter les élèves à préciser ce qui, dans l'évocation qu'ils se construisent, correspond exactement à ce qu'ils ont lu et ce qui relève d'hypothèses personnelles.

Vérification des évoqués
La prise en compte progressive des informations est particulièrement importante à l'étape de la vérification. L'enfant éprouve des difficultés à relire activement car, trop imprégné de son évocation, il a tendance à chercher confirmation de ce qu'il a traduit. Il glisse sur les mots non pris en compte ou ceux dont il a déformé le sens. Il faut donc guider sa relecture vers une vérification de la prise en compte de chaque mot. Elle se fait « cahier fermé » pour amener l'élève à comparer son évocation au libellé exact de l'énoncé.

2

Approche globale
Des enfants peuvent préférer d'abord une présentation globale. Ils ont besoin de bénéficier de l'ensemble de l'information pour la traiter ensuite dans le détail. De même, leur vérification peut se faire dans le désordre, les mots non soulignés leur signalent ce qui reste à vérifier.

FICHE D'ACTIVITÉ 9

PRÉCISIONS SUR LE SENS

Un travail spécifique sur le sens des mots « charnière » s'avère nécessaire car les élèves ont tendance à s'appuyer principalement sur les mots concrets (noms, verbes, chiffres) pour essayer de comprendre. Leur attention glisse sur les petits mots dont le contenu apparaît plus abstrait. Ces mots ne sont pas évoqués

Objectifs pédagogiques

- **Donner une méthodologie permettant d'identifier le sens exact de l'expression « *à chacun* » selon le contexte de la phrase.**

DÉROULEMENT

1 Première séquence : évoquer sur chaque groupe de mots de l'énoncé

« Madame Dufour / emmène / ses trois enfants / dans un magasin / pour préparer les vacances / aux sports d'hiver /. Elle achète / à chacun / un bonnet / à 50 francs, / une paire de gants / à 70 francs / et des lunettes de ski / à 80 francs. / »

Les bâtons indiquent de quelle manière l'énoncé a été découpé pour présenter successivement des morceaux significatifs aux enfants. Lorsqu'un nouveau morceau de l'énoncé est donné à percevoir, les précédents ont été effacés.

Après l'apparition de « *à chacun* », lancer le dialogue sur la traduction que les élèves s'en donnent, sur la manière dont ils l'accrochent au début de l'énoncé, sur leurs hypothèses concernant la suite.

- Faire trouver plusieurs exemples de ce qu'elle peut acheter à chacun. Ne pas donner pour l'instant de réponse précise sur la signification de l'expression « *à chacun* » dans ce contexte. Montrer seulement que plusieurs hypothèses sont possibles.

- À la suite de la lecture intégrale de l'énoncé, le faire traduire aux élèves avec leurs propres mots, au moyen d'un schéma, ou des deux.
- Écrire ensuite au tableau la question : « *Calculez la dépense totale* ».

Faire résoudre le problème, puis ramasser les cahiers. Les élèves s'auto-corrigeront à l'occasion de la deuxième séquence.

2 Deuxième séquence : comprendre le sens de l'expression « *à chacun* »

(Cette séquence se déroulera si possible le lendemain de la précédente.)

- Annoncer cet objectif aux élèves.
- Travailler d'abord sur des phrases simples, hors du contexte de la résolution de problème.
- Écrire au tableau : « *À chacun des élèves de la classe, je vais distribuer un smartie.* »

- Effacer la phrase. Commencer la distribution. « Oublier » intentionnellement quelques élèves. Prendre l'air étonné devant leurs protestations. « *Est-ce que j'ai annoncé que j'en distribuais à tout le monde ? Quel mot le prouve dans mon annonce ?* ».

Le principe de la discussion est d'amener les élèves à justifier leurs propos. (Terminer ensuite la distribution de bonbons.)

- Écrire : « *Je vais attribuer à chacun des élèves de la classe une lettre et un numéro* ». Inviter à évoquer la phrase, puis l'effacer.

Attribuer aux élèves du premier rang une lettre et un numéro. Pour les rangs suivants, commettre sciemment des erreurs : donner à l'un seulement une lettre, à l'autre seulement un numéro... Laisser les enfants réagir et argumenter sur la non-conformité à la phrase annoncée. Faire citer le mot qui mettra tout le monde d'accord.

dans la mesure où, pour les enfants, ils ne sont pas porteurs de sens.
Ce travail permet d'aborder conjointement des exercices différents (lecture, vocabulaire, mathématiques) pour résoudre une difficulté qui leur est commune.

Objectifs méthodologiques

- **Mettre en évidence les liens logiques à tisser entre les mots de l'énoncé concernés par l'expression « *à chacun* ».**
- **Orienter les élèves vers l'évocation de ces liens (sollicitation du P3).**
- **Faire trouver aux élèves leur méthode pour identifier la situation concrète décrite par la phrase comportant cette expression.**

COMMENTAIRES

1

Cet énoncé a l'avantage de pouvoir faire émerger les représentations erronées.
Le fait qu'on parle de trois enfants et de trois objets incite à se contenter de les mettre en correspondance. Il est indispensable d'avoir évoqué le sens de « *à chacun* » pour éviter de tomber dans le piège.

Ouvrir cette première séquence par une mise en situation risquée permettra aux enfants de mesurer leurs progrès à l'issue de ce travail d'approfondissement. Ils auront appris à déjouer la difficulté.

Cet exercice a été donné à une classe de 22 élèves. 18 se sont trompés en omettant de multiplier les prix par trois. Parmi eux :
- 12 ont traduit de manière erronée (ils ont compris que madame Dufour achète une seule chose à chacun),
- 3 ont fait un dessin vague, ne prenant en compte qu'une partie de l'énoncé (des gens dans un magasin de sports). Leur projet portait plus sur le dessin que sur la traduction de ce qu'ils avaient compris.
- 2 ont réalisé un dessin juste (chaque enfant avec les trois objets) et n'ont pas pensé à s'appuyer dessus au moment d'effectuer leur calcul.
- 1 n'a rien traduit.

Geste de compréhension 2

Le but de cette deuxième séquence est que les enfants découvrent par eux-mêmes leur erreur. En effet, la compréhension naît de la confrontation que l'on établit soi-même, entre les différentes situations étudiées et évoquées, et non de la mémorisation d'un corrigé. Si nous nous contentons de leur donner une explication, nous courons le risque d'une adhésion superficielle n'empêchant nullement les élèves de renouveler leur erreur par la suite.

Nous allons placer les élèves dans des situations variées qui vont susciter un « conflit cognitif » : ils vont être amenés à déceler la contradiction entre le sens du mot « *chacun* » lorsqu'ils le rencontrent dans des phrases simples et le sens qu'ils lui ont donné dans l'énoncé. C'est pourquoi nous n'avons pas encore annoncé la correction du problème de la veille.

Enracinement dans le paramètre 1
Les mises en situation sont simples et concrètes et concernent la vie de la classe.

Mise en évidence d'un rapport de différence
Nous suscitons une compréhension par opposition ; le « choc » des erreurs commises par l'enseignant incite les élèves à cibler leur attention sur le mot qui permet d'argumenter.

• Appeler trois élèves. Les faire venir sur l'estrade. Écrire au tableau :
*«**À chacun,** je vais confier **une responsabilité.** »*
• Demander aux élèves de se donner une idée de la suite. Effacer le tableau. Écouter les propositions.
• Donner la réponse : *« Vincent sera chargé de ramasser les cahiers, Isabelle arrosera les plantes, Cédric effacera le tableau à la fin de la journée. »*
Transcrire la situation au tableau par un schéma et une phrase. Tracer des flèches pour montrer la relation entre ceux qui reçoivent et ce qu'on distribue.

• Poursuivre de la même façon avec :
*« Je vais donner quelque **chose à chacun** de ces trois enfants. »*

Donner à Vincent le rouleau de scotch, à Cédric un stylo et à Isabelle une écharpe.

*« Je vais donner à **chacun** des trois élèves responsables **un papier, un stylo et une pochette.** »*
Préparer les objets sur le bureau et demander à un enfant de réaliser ce que la consigne (maintenant cachée) demandait. Les autres observent et diront s'ils sont d'accord. Faire argumenter les élèves. Ceux qui se sont trompés prennent le temps d'évoquer la situation concrète associée à la phrase ou au schéma.

• Effacer du tableau les phrases et le nom des objets attribués. Ne laisser que les prénoms et les flèches. Installer un temps explicite d'évocation pour retrouver les différentes phrases travaillées et les situations qui leur correspondaient. Mise en commun et correction. (On peut aussi faire recopier les schémas de mémoire à partir du squelette laissé au tableau.)
• Demander aux élèves de faire venir dans leur tête l'expression « *à chacun* » en sachant qu'elle est insérée dans une phrase. Comment peuvent-ils traduire cette expression avec leurs mots, ou en images ?
Amener les enfants à formuler ce que l'on peut faire dans sa tête quand on rencontre cette expression, pour être sûr de ne pas se tromper.

Lister au tableau les procédures proposées lorsqu'elles sont fiables et exprimées clairement. Les disposer en schéma.
• Inviter les élèves à mémoriser et à recopier sur leur cahier une ou plusieurs procédures qu'ils sauront utiliser. Annoncer que ce travail sur la signification du mot « *chacun* » servira à mieux comprendre l'énoncé de « *madame Dufour* ».
• Redonner aux enfants cet énoncé et faire appliquer la procédure choisie.
Demander une nouvelle traduction de l'énoncé. Leur proposer ensuite de la comparer avec le souvenir de ce qu'ils avaient compris la première fois.

3 Prolongements

• Au cours d'une séquence de vocabulaire, inviter les élèves à se représenter une situation où l'on peut dire ***« chacun »***.
Accorder un temps de préparation, puis les élèves échangent sur les situations concrètes qui leur sont venues à l'esprit et dans lesquelles ils seront amenés à prononcer ce mot. Les camarades se représentent la situation énoncée. Interroger à chaque fois un élève pour savoir ce qu'il en a compris.
• En études dirigées, organiser des ateliers de construction d'énoncés. Veiller à ce que les élèves y introduisent le mot ***« chaque »*** ou ***« chacun »***.

L'expression *« à chacun »* appelle des situations concrètes variables selon le contexte de la phrase.

Parfois, tous les personnages se voient attribuer le même objet, tandis que dans d'autres situations ils ont des objets différents. C'est un piège pour les élèves qui associent à cette expression une situation déjà vécue et donc une structure rigide non conforme au contexte de la phrase qu'ils lisent.

Nous allons solliciter le paramètre 3. Les phrases que nous proposons font varier les situations concrètes. D'une part, nous montrons les différentes structures que peut recouvrir cette expression et d'autre part, nous construisons avec les élèves une méthode valable pour n'importe quelle phrase.

Présentation visuelle et verbale de chaque situation

- *Je vais confier **à chacun** une responsabilité.* →
  - *responsabilité* Cédric
  - *responsabilité* Vincent
  - *responsabilité* Isabelle

- *Je vais donner quelque chose **à chacun** de ces enfants.* →
  - *scotch* Cédric
  - *stylo* Vincent
  - *écharpe* Isabelle

- *Je vais donner **à chacun** des trois élèves un papier, un stylo et une pochette :*

papier	*stylo*	*pochette*	Cédric
papier	*stylo*	*pochette*	Vincent
papier	*stylo*	*pochette*	Isabelle

Différentes procédures

• Dans la phrase, je cherche les mots qui indiquent ce qu'ils auront tous et je fais des flèches vers chaque personne :

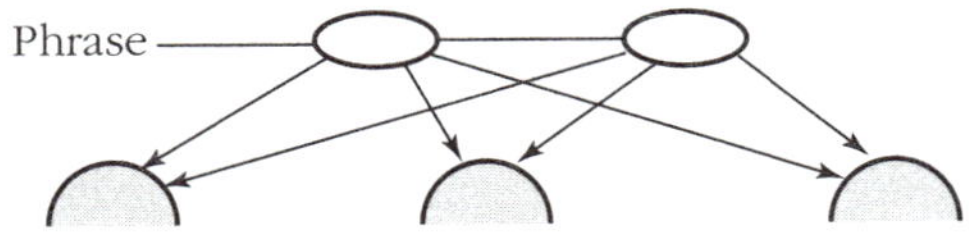

• Je pense aux personnes une par une au lieu de penser à un groupe. J'imagine la première personne, je lui donne ce qui est marqué dans l'énoncé, je fais la même chose avec la deuxième, etc.

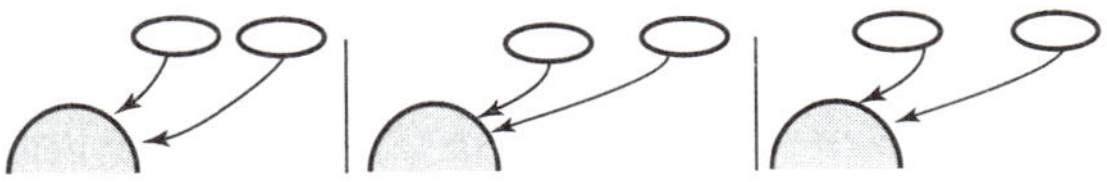

• J'installe les personnes qui vont recevoir à des endroits différents dans ma tête. Je cherche la première chose distribuée et, dans ma tête, je la fais venir vers les personnes. Je recommence pour les autres choses à distribuer.

• Je prononce la phrase et je dis à la place de *« chacun »*, le nom d'une des personnes. Et je recommence autant de fois qu'il y a de personnes.

3

Quelques élèves font plancher leurs camarades après avoir préparé le corrigé correspondant au problème inventé.

4 L'expression écrite

Son premier sens est d'apprendre à l'élève à communiquer par écrit de façon claire et cohérente. Il s'agit d'exploiter les acquis de la lecture (vocabulaire et organisation d'un texte), de la grammaire et de la conjugaison (construction des phrases), enfin de l'orthographe.

Cette activité nécessite la gestion de plusieurs pôles de réflexion :

- *la recherche des idées,*
- *l'organisation des informations pour présenter un ensemble cohérent,*
- *le soin accordé à la construction des phrases.*

ANALYSE DES DIFFICULTÉS DES ÉLÈVES

La recherche des idées

Elle place les enfants devant le risque de la panne d'inspiration. La mobilisation des souvenirs laisse souvent une impression de lourdeur et d'artifice car les enfants reconstruisent après coup ce qui n'a pas été éprouvé ou recueilli avec suffisamment d'intensité ou de précision sur le moment. Le retour en arrière s'avère difficile et suscite parfois des idées plates, non convaincantes, un contenu qui peut manquer de fraîcheur et d'authenticité.

L'organisation des idées

L'organisation des idées que l'élève a trouvées exige un recul qui n'est pas naturel à l'enfant. Cela lui demande de dépasser l'impression globale et affective qu'il voudrait communiquer pour passer du registre émotionnel à celui d'une pensée organisée en fonction de ce que les autres pourront en comprendre.

L'élève est supposé s'appuyer pour cela sur les modèles de textes qu'il a étudiés en classe. L'interaction entre la lecture et l'écriture est mise en évidence par les textes officiels. Il s'agit bien d'étudier la structure de textes pour s'en inspirer lorsqu'on rédige.

Cependant, la production d'un écrit personnel fait bien souvent déraper l'attention vers le besoin de s'exprimer au détriment de la dimension de communication. Trop impliqué dans son propre besoin d'expression, l'enfant écrit pour lui-même. Il évoque ce qui pour lui a été significatif, ce qui a produit une impression forte et perd de vue la nécessité d'être compris. Il peut omettre des éléments d'information indispensables, laisser en place un ordre illogique de présentation et passer ainsi à côté de la fonction de communication de l'écrit. Les acquis sur l'articulation des idées et la structure du récit ne sont pas alors mis en œuvre.

L'élégance de l'expression

Le choix des termes et la construction des phrases sont en relation directe avec le profit que les élèves ont pu tirer de leurs lectures. Certains réinvestissent avec plaisir les tournures qu'ils ont pu recueillir, sans même s'en apercevoir. En lisant, ils sont sensibles à la manière dont le texte est rédigé, et s'imprègnent de ces modèles.
D'autres, s'intéressant de manière privilégiée au contenu du texte, ne parviennent pas à enrichir leur expression. Ils se restreignent à leur registre habituel et ne savent comment progresser. Se sentant éloignés de la facilité avec laquelle leurs camarades rédigent, ils finissent par ne plus fournir d'efforts.
S'inspirer pour rédiger des modèles intégrés par le biais de la lecture n'est donc pas un passage automatique. Si quelques élèves le font aisément, la plupart ont besoin d'y être conduits.

Le travail de correction

Enfin, l'ampleur des corrections à effectuer peut être source de découragement autant pour l'enseignant que pour l'élève. Certains écrits nécessiteraient des reprises nombreuses et successives de la part de l'enfant pour que le texte soit présentable. Cela tuerait bien évidemment le plaisir de produire. D'autant plus que lorsque le texte est rédigé, il est difficile de s'en détacher pour pouvoir le remanier.

L'APPORT DE LA GESTION MENTALE

Importance de la mise en projet

La gestion mentale donne à l'enseignant les moyens d'amener l'élève à recueillir des informations et à les structurer en fonction du but poursuivi : transmettre une information, produire une impression ou partager un sentiment.
La production écrite résulte de ce qui a été élaboré auparavant.
C'est donc bien au niveau de l'évocation qu'on pourra guider les élèves pour les amener à mieux s'exprimer. Nous préférons situer notre action sur le terrain de la préparation que sur celui de la correction. Plutôt que de courir après le ballon, mieux vaut apprendre à l'attraper au moment voulu.

Le concept de projet et sa mise en application sont des outils précieux pour guider les enfants vers une plus grande facilité d'écriture. En effet, la rédaction se fait d'autant plus aisément qu'on a pu recueillir des informations, les évoquer et les organiser dans le but de les transmettre.
Le travail sur la mise en projet permet donc de préparer et d'apprivoiser le moment de l'écriture, il évite d'avoir la tête vide devant la page blanche. On montre aux élèves que, **pour pouvoir produire, il faut avoir engrangé intentionnellement.**

Guider l'activité perceptive

Au lieu de mobiliser les idées par un retour en arrière, une reconstruction a posteriori de ce qui a été perdu, nous proposons de développer le sens de l'observation. Nous préférons ouvrir des perspectives ; **apprendre sur le moment à recueillir des impressions,** des sensations, des sentiments, et à chercher comment les désigner **dans le but de partager** ce qu'on vit, ce qu'on éprouve.
Cela suppose de dépasser l'impression globale ressentie. Beaucoup d'enfants restent sur l'évaluation affective occasionnée par une visite (« c'était bien »), ne sachant comment entrer dans les détails et nommer ce qui l'a suscitée. Submergés par les impres-

sions reçues, ils ne savent comment prendre en charge l'information sur le plan de la représentation mentale.
Le passage de l'évaluation purement affective à l'évocation dirigée, de l'impression globale à la revue détaillée s'apprend à condition de s'y entraîner. Il n'est pas question d'évacuer le jugement affectif, mais plutôt d'approfondir l'impression fugitive.
C'est pourquoi nous consacrons quelques fiches à des exercices d'observation et de rédaction, pour amener l'enfant à s'investir dans ce qu'il perçoit dans le but de le partager.

Structurer, organiser ses évocations

Le projet de structurer ce qu'on écrit va permettre d'orienter la rédaction en ce sens. L'intention d'organiser un écrit doit préexister et guider la pensée pour que ce travail devienne effectif dans l'écriture.
C'est au moment de l'observation que l'on peut se préparer à entrer dans les détails, à approfondir, orienter sa description dans la perspective de donner une explication objective ou, au contraire, celle de produire une impression.
Dérouler correctement toutes les étapes d'un récit nécessite, à l'instant où l'on rassemble ses idées, de se placer dans la perspective d'en donner toutes les étapes. Nous montrerons aux élèves comment se préparer à cette organisation.

Prendre en compte les liens logiques pour mieux structurer le texte

L'étude de la structure d'un texte se limite trop souvent au repérage des différentes parties qui le composent : décomposition des étapes du récit, découpage en paragraphes. Le texte étudié par morceaux perd sa cohérence dans l'esprit des enfants. Pour eux, la structure se fait alors par juxtaposition. Leur souci de présenter un texte en paragraphes risque de rester purement formel et ne pas refléter l'organisation des idées.

Leur production peut suivre pas à pas les indications données et donner un ensemble mal équilibré dont la logique interne reste bancale.
Pour amener les élèves à mieux rédiger, nous avons souhaité leur faire découvrir, par des exercices simples et ludiques, à quel point chaque partie est en relation avec les autres. Évoquer la logique interne d'une structure, c'est associer en pensée la partie et le tout. Dans la globalité ou dans l'enchaînement linéaire des parties qui se suivent. Dans un récit, chaque étape se raconte en fonction de celles qui vont suivre pour ménager une attente, amener une rupture, laisser deviner la suite...
Dans une description, l'accumulation des détails déclenche une impression d'ensemble et la modification d'un détail peut transformer l'idée générale.
Il n'est pas question d'amener les enfants vers des raffinements intellectuels hors de leur portée. Cependant, nous avons pu constater qu'il était possible et intéressant de guider leur évocation vers la prise en compte des liens logiques : fil conducteur du récit, recherche des interactions entre les éléments d'une scène qu'on observe. Un intérêt pour la structure de ce qu'ils produisent peut alors progressivement se mettre en place.

Projet et qualité d'expression

Le temps de lecture peut aussi être mené dans la perspective d'une réutilisation du vocabulaire exploitable au moment de la rédaction, de manière à enrichir son registre d'expression. Nous montrerons comment amener les élèves à s'inspirer d'un écrit pour rédiger eux-mêmes.

Des exercices systématiques de construction de phrases, menés parallèlement dans les rubriques de grammaire, lecture, ou conjugaison, et toujours dans la perspective d'une exploitation en rédaction, permettront progressivement aux élèves d'écrire des phrases correctes du point de vue de la syntaxe.
Dans la rubrique « expression écrite », nous avons préféré insister sur la recherche et la structuration des idées. Là ne se limite pas le travail de rédaction. Cependant, la construction des phrases relève en fait plus d'un travail de grammaire ou de vocabulaire. Il doit être mené en amont pour que l'élève puisse disposer d'un matériel syntaxique suffisamment riche. Celui-ci ne peut se constituer au moment de rédiger.

Préparation collective

Nous n'hésitons pas à faire bénéficier les élèves en panne d'idées de celles des autres. Proposer des idées personnelles demande un minimum de confiance en soi, une prise de risque que certains élèves n'osent effectuer. Nous préférons accueillir, stimuler l'envie de s'exprimer plutôt que de forcer un investissement qui serait artificiel.
Le travail collectif de la classe pour la recherche des idées et leur structuration peut amener ces élèves à profiter de la production des autres pour enrichir la leur. En effet, ceux qui évoquent à l'identique, qui n'osent se lancer dans une élaboration personnelle peuvent choisir d'exploiter un modèle proposé par un camarade. Le choix d'un ou de plusieurs modèles est déjà une forme d'investissement. Le passage vers le P4 (évocation de l'inédit) se fera à travers une palette large d'évocation en P2 (évocation à l'identique).

LES ÉTAPES

Un récit linéaire n'est pas une juxtaposition d'étapes. Le découpage d'un récit en étapes l'ordonne, mais n'en fait pas découvrir aux enfants la véritable structure interne.
Le récit peut être présenté comme une chaîne dont les maillons s'interpénètrent. Des maillons posés les uns à côté des autres, même dans le bon ordre, ne peuvent constituer une chaîne.
La mise en évidence du fil conducteur du récit nécessite un travail spécifique. Il ne

Objectifs pédagogiques

- **Identifier les différentes étapes d'un récit écrit.**
- **Mettre en évidence le fil conducteur qui les relie et les ordonne.**
- **S'inspirer de cette structure pour raconter une histoire vécue et en articuler clairement les étapes.**

DÉROULEMENT

1 Première séquence

• Solliciter les souvenirs de situations où les élèves écoutaient le récit d'un camarade ou racontaient eux-mêmes.
• Mettre en évidence la difficulté d'être clair, pour celui qui raconte, ainsi que les risques de s'embrouiller.
• Annoncer qu'à l'issue des séquences qui vont suivre, on apprendra à raconter une histoire pour que les autres la comprennent et l'apprécient.
• Expliquer aux enfants qu'ils vont travailler sur un récit et que celui-ci est « fabriqué » d'une certaine manière. Il obéit à un ordre logique et suit des étapes précises.

1. Identification des étapes d'un récit

a. Présentation du héros : on dit qui il est, à quoi on peut le reconnaître, où il habite. On annonce en quoi il est spécial, pourquoi on va parler de lui.
b. L'événement : quelque chose ou quelqu'un arrive, imprévu ou dangereux.
c. La réaction : ce que fait le héros pour tenter de résoudre le problème.
d. Conclusion : l'action produite donne un résultat positif ou négatif.

• Donner d'abord l'explication orale.
• Écrire ensuite au tableau la liste des étapes : **présentation, événement, réaction, conclusion.** Inviter les élèves à retrouver par eux-mêmes les explications données.
• Écrire l'explication en face de chaque mot clé. Annoncer ensuite que lorsque le tableau sera effacé, il faudra repérer les différentes étapes d'un récit que les enfants liront. Temps d'évocation.

• Donner le titre et le sous-titre du récit. Proposer à chacun de s'imaginer ce que pourrait être le contenu du récit à partir du titre. Laisser un temps pour cela, écouter les différentes propositions sans les commenter.

Le récit sur lequel les enfants vont travailler est illustré par des images. Il se présente comme une succession de vignettes comportant chacune un dessin et un commentaire.

• Distribuer une feuille à chaque enfant avec les vignettes dans le désordre. Il faudra en découvrir l'ordre pour que le récit soit cohérent.

Lorsque chacun a découpé sa feuille, les vignettes sont étalées sur le bureau, faces cachées. Les enfants les retournent tour à tour pour en lire le contenu, le cacher de nouveau et l'évoquer. Lorsque toutes les vignettes ont été ainsi exploitées, on essaye de reconstituer l'histoire dans sa tête.

• Ensuite on place chacune des vignettes dans l'ordre du récit et on marque derrière au crayon l'étape qui lui correspond. Préciser que plusieurs vignettes peuvent correspondre à la même étape.

suffit pas d'identifier les étapes, encore faut-il en étudier les rapports logiques. Les enfants vont découvrir que les informations ne sont pas données au hasard, chaque élément prépare le suivant. Chaque étape contient une trace de la précédente et prépare celle qui suit. L'information donnée à un stade se prolonge au suivant, se précise ou se transforme. C'est ce qui permet au récit un enchaînement cohérent.

Objectifs méthodologiques

- **Découvrir l'activité mentale requise pour réaliser un enchaînement linéaire.**
- **Se mettre en projet d'être compris, que l'histoire soit claire et que les étapes s'enchaînent de façon logique.**
- **Proposer un cadre spatial, support concret de cet enchaînement, pour ceux qui évoquent dans l'espace.**

COMMENTAIRES

1

Appel aux acquis.
Annonce de l'objectif qui permet la mise en projet.
Au début, seules, les quatre étapes sont écrites au tableau.
• Inviter à évoquer le rapport entre les explications données et les mots écrits au tableau (sollicitation du P3).
• Évoquer les étapes et se préparer à les retrouver dans le récit.

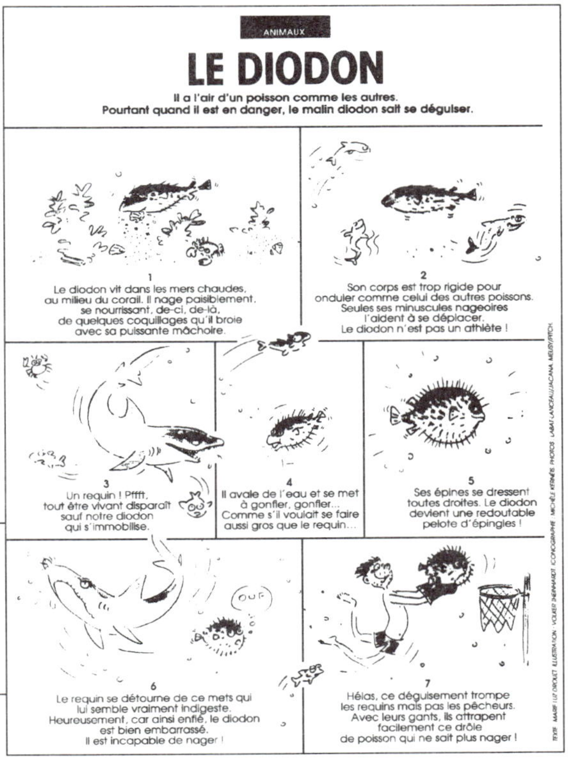

Voir doc. en annexe, p. 127.

• La recherche du contenu possible du récit à partir des titres facilitera la remise en ordre des vignettes en installant mentalement une structure d'ensemble dans laquelle elles pourront s'insérer.

• La remise en ordre des vignettes oblige à sélectionner des informations précises en rapport avec chaque étape.

• Évoquer le contenu de chaque vignette avant de réaliser le travail demandé permet d'effectuer le travail de mise en ordre sur des bases sûres. Les élèves sont amenés ainsi à capter un plus grand nombre d'indices pertinents.

2. Échange sur l'identification des étapes

Ceux qui ont fait des erreurs expliquent ce qu'ils ont pensé et qui les a induits en erreur.
Un élève ne comprend pas son erreur.
« Quand on dit : « *Ses épines se dressent toutes droites. Le diodon devient une redoutable pelote d'épingles* ». On décrit le héros. J'ai mis que c'était la présentation.
- Repense au contenu de cette vignette mais sans lire. Qu'est-ce que cela fait venir dans ta tête ?
- Je vois une pelote d'épingles, à côté le poisson avec les épines toutes droites.
- Compare ce que tu me dis avec ce qui est vraiment écrit. Quels mots du texte ne sont pas sur ton image ?
- *devient et se dressent.*
- Les deux mots que tu n'as pas pris en compte sont deux verbes. Essaie de les faire venir dans ton image.
- Si on dit *devient*, c'est qu'il n'était pas comme cela avant. *Se dressent* aussi. Je vois des épines couchées et d'autres droites.
- Oui, c'est pour cela que cette vignette ne peut pas être la présentation. Elle raconte que le diodon se transforme, cela arrive plus loin dans l'histoire. »

3. Mise en évidence de la progression du récit

Les enfants cherchent dans la vignette de **présentation** les informations utilisées par la suite dans l'histoire. Ces éléments peuvent être transformés ou utilisés tels quels dans les vignettes suivantes.

• **Faire lire la première vignette et inciter les enfants à se raconter ou à visualiser la suite de l'histoire. Il faut chercher et souligner ce qui dans le texte de cette vignette est exploité dans la suite du récit.**
Idem pour les autres vignettes.
Il peut arriver qu'une vignette ne comporte pas d'élément réexploité par la suite.

• Échange sur les expressions soulignées. N'accepter que les réponses argumentées. Lorsque la classe s'est mise d'accord sur les expressions à souligner, les écrire au tableau.

Indices de la progression du récit :
- **Présentation :** *paisiblement* (l'arrivée du requin sera surprenante),
corps rigide,
minuscules nageoires (il ne pourra pas s'enfuir).
- **Événement :** *le diodon s'immobilise* (il va préparer sa ruse).
- **Réaction :** *pelote d'épingles, indigeste* (le requin ne le mangera pas).
- **Conclusion 1 :** *ainsi enflé... incapable de nager* (il sera attrapé par les pêcheurs).

2 Deuxième séquence : construction d'un récit

• **Tracer au tableau « un cadre »** avec quatre parties horizontales. Inscrire dans chacune le nom d'une étape.
Chacun racontera une histoire qui lui est arrivée personnellement ou vécue par quelqu'un de son entourage. Il faudra respecter chacune des étapes et bien les enchaîner.
Les enfants commencent par chercher ce qu'ils ont envie de raconter aux autres. L'histoire n'a pas besoin d'être compliquée ou extraordinaire. Elle doit comporter un problème et sa résolution. Se la raconter à soi-même. Regarder le tableau et vérifier si on a pensé à dire quelque chose pour chacune des étapes. Compléter mentalement son récit avec l'aide du tableau. Quand on est prêt, on lève le doigt.

Myriam raconte que sa sœur, tombée accidentellement dans une piscine, a été sauvée par un monsieur qui a plongé et l'a ramenée.
Myriam s'aperçoit alors qu'elle avait oublié de dire dans la présentation que sa sœur avait 4 ans et qu'elle ne savait pas nager.

Lorsqu'un enfant raconte son histoire, pointer au tableau l'étape manquante ou trop « maigre » qu'il faudra étoffer. Au fur et à mesure, inciter les camarades à écouter et dire eux-mêmes si toutes les étapes sont respectées.

• **Chaque enfant recopie le cadre sur son cahier de brouillon.** Il inscrit dans les premières cases les éléments de son récit qui seront utilisés dans les étapes suivantes. Ne pas tout écrire dans le cadre. Il s'agit seulement de se donner des points de repère pour bien raconter. On inscrit dans chaque bande les idées et les détails de la progression.

Ceux qui n'ont pas eu d'idée personnelle de récit pourront raconter celui d'un camarade qui leur a plu. Ceux qui le veulent peuvent raconter à voix haute ce qu'ils ont préparé.

• **Chacun écrira son histoire dans le travail d'expression écrite qui va suivre.** Le cadre des étapes a servi à préparer mentalement son récit. Une fois la trame constituée, on prend le temps de la mettre dans sa tête, et on rédige sur une autre feuille.

C'est en comparant le texte à l'évocation visuelle qu'il s'en donne que cet élève découvre qu'il n'a pas évoqué les verbes indiquant une transformation.
En effet, ces verbes nécessitaient un petit effort de sa part pour les inscrire dans son évocation. Il a finalement pu évoquer la transformation en comparant deux images fixes : les épines couchées et les épines dressées.

Il avait pris pour une description statique ce qui est en fait le résultat d'un processus. C'est la raison pour laquelle il avait confondu l'étape de la réaction avec celle de la présentation.
Nous vérifions ici le fait que les erreurs viennent souvent d'une prise en compte partielle des données. On pioche dans l'objet de perception ce qui nourrit ses propres habitudes évocatives en délaissant les éléments d'information qui s'inscrivent moins facilement dans nos formes de pensée.

La comparaison entre le contenu d'une étape et celui des suivantes se fait d'autant mieux en évocation. En effet, il est plus facile de sélectionner une information parmi celles qui ont déjà fait l'objet d'un travail évocatif.
Il s'agit de relever les éléments d'une étape qui préparent les suivantes et permettent au récit d'être fluide.

2

PRÉSENTATION
ÉVÉNEMENT
RÉACTION
CONCLUSION

FICHE D'ACTIVITÉ 11

LE PORTRAIT :

En expression écrite, les enfants considèrent comme superflu et ennuyeux le fait de décrire. Ils réalisent mal que le lecteur dépend d'eux pour se faire une idée précise du personnage. Découvrir qu'une description n'est pas gratuite, qu'elle amène des impressions, des opinions et des jugements favorise la construction du projet de sens.

Objectifs pédagogiques

- **Observer un portrait en image.**
- **En verbaliser la description et l'impression reçue.**
- **Établir des relations entre l'impression générale et les détails qui l'ont suscitée.**
- **Rédiger un court portrait.**

DÉROULEMENT

1 Observation active du portrait

• Distribuer aux enfants l'image photocopiée du portrait ci-contre. Il faudra mettre dans sa tête à la fois l'image et les mots pour la décrire.
• Inviter les enfants à placer un cache sur le portrait de manière à le dévoiler progressivement et mieux centrer leur observation.
• Guider l'activité perceptive : leur proposer de regarder puis d'évoquer la tête, les cheveux, le front, les yeux, le nez, la bouche, l'expression, etc. Chacun prend le temps qui lui est nécessaire pour que le personnage soit évoqué dans le détail.

• Lancer ensuite un dialogue. La question est de savoir qui a pu évoquer l'image et les mots ; dans quel ordre cela a pu se faire ; qui a éprouvé des difficultés et lesquelles.

2 Relations entre détails descriptifs et impressions reçues

• Écrire au tableau les propositions des enfants.
• Distribuer les remarques des enfants dans deux colonnes. L'une comporte les éléments précis de description, l'autre, les opinions et impressions.
Demander aux enfants de trouver les liens entre les deux colonnes ; quels sont les éléments précis de description qui ont déclenché telle impression ? Par exemple, quels détails font penser que le personnage est menaçant ?
Accorder un temps de réflexion. Tracer les flèches proposées par les enfants après argumentation.

• Effacer ensuite sur le tableau les mots des deux colonnes. Laisser seulement les flèches et les titres. Les enfants regardent de nouveau le dessin et cherchent toutes les relations que ces flèches symbolisent.

3 Transformer mentalement le personnage

Chacun retrouve dans sa tête le portrait du personnage. On en modifie un détail. Par exemple la forme des yeux, la grandeur ou la position des mains. Est-ce que cela change l'allure du personnage, ou son caractère supposé ? Ceux qui ont pu transformer leur évocation en témoignent, les autres profitent des idées lancées par les camarades et vérifient l'impression qu'ils en tirent. On pourra se servir des suggestions pour rédiger le portrait d'un personnage en un paragraphe.

4 Rédaction d'un paragraphe

Décrire en un paragraphe le personnage qu'on a un peu ou beaucoup transformé. Faire passer intentionnellement une impression par le biais de la description.

DE L'IMAGE AUX MOTS

Objectifs méthodologiques

- **Montrer l'activité mentale nécessaire à un travail de description.**
- **Inciter les élèves se donnant une évocation visuelle à la traduire en mots.**
- **Donner les moyens à ceux qui se parlent d'explorer une perception visuelle.**
- **Guider l'évocation vers les interactions entre détails et impression d'ensemble.**

COMMENTAIRES

1

• Pour certains élèves, l'image perçue prend du sens seulement à partir des mots qu'ils se donnent pour la décrire. **Lorsqu'ils se sont donné cette traduction en mots, ils peuvent, dans son prolongement, se donner l'image correspondante.** Les inviter à évoquer en détail l'image est une incitation à une plus grande précision. En effet, ils risquent de déraper trop vite sur la description des impressions qu'ils ont, au lieu d'explorer la réalité objective de l'image.

• Les élèves qui construisent immédiatement la photographie mentale de l'image perçue risquent de s'arrêter là et de considérer comme superflue sa traduction verbale. Les inviter à chercher les mots pour le dire prépare le travail d'expression écrite. **Pour eux, la recherche des mots ne doit se faire qu'après avoir photographié l'image.** Sinon, trop absorbés par l'image à regarder, ils ne sont plus disponibles pour une traduction verbale.

Il faudra tenir compte de ces deux manières possibles d'associer mots et images au cours du dialogue pédagogique.

2

Description → **Impressions**

sourcils froncés, sourire en coin → moqueur

sourcils froncés, sourire en coin, grand et fort → menaçant

Seule, la structure est laissée au tableau, le temps d'évocation porte sur la recherche des éléments qui étaient en relation. Sollicitation du P3.

3

Sollicitation du P4 et du P3. Il s'agit de montrer que la transformation d'un élément provoque des modifications d'ensemble sur le jugement, l'impression ressentie et donc dans le vécu mental.

Transformations :

« Je lui ai mis des bottes toutes noires avec le bout pointu. Je l'entendais marcher de loin et ça me faisait peur. »

4

Proposer un temps de récapitulation avant d'écrire.

Il est possible, à l'issue de ce temps, de réentendre les idées des camarades.

Les élèves à qui on demande de faire une description s'attendent, devant leur papier, à voir arriver les idées tout de suite. Si ce n'est pas le cas, ils rêvent ou se désespèrent, ne sachant comment les mobiliser.

L'exploration guidée permet d'éviter la panne d'inspiration. *Les enfants découvrent qu'ils ont quelque chose à dire parce qu'ils ont vécu une situation et qu'ils en ont gardé une impression. Il est cependant important d'éviter toute insis-*

Objectifs pédagogiques

- **Décrire, expliciter une situation vécue dans laquelle la subjectivité intervient (description d'un plat favori).**
- **Apprendre à préparer et enrichir une description.**

DÉROULEMENT

1 Exploration d'un souvenir

A. Proposer à chacun de retrouver le souvenir de la dégustation d'un gâteau au chocolat

Accorder un temps d'évocation. Ceux qui le veulent peuvent fermer les yeux. Veiller au silence nécessaire pour que chacun puisse retrouver avec précision ce souvenir.

• Guider les élèves en les amenant **à revoir** ce qu'ils avaient vu (la pièce, les personnes qui les entouraient, les couleurs du gâteau, sa forme, sa grosseur, les lumières, la table…), **à réentendre** (les conversations, les bruits…), **à sentir** les odeurs, **à ressentir** les émotions, **à se commenter** la situation. Chacun écrit au brouillon, sans vraiment rédiger, ce qui est revenu.

Mise en commun : inviter les enfants qui le désirent à parler. Écrire en colonne, sur une moitié du tableau les impressions décrites sans les commenter.

B. Inviter à un deuxième temps d'évocation

On peut ajouter à son propre souvenir des éléments plaisants apportés par les camarades, qu'on aurait aimé vivre.

Les élèves rédigent ensuite un paragraphe sur le gâteau au chocolat. Leur laisser le temps d'observer le tableau et de préparer mentalement ce qu'ils vont écrire. Le travail de rédaction commence une fois le tableau effacé.

2 Préparer une description plus précise

La réunion des impressions remémorées par tous permet une richesse de description qu'on aurait eu du mal à élaborer seul. Pourquoi était-il difficile de retrouver ce souvenir avec tous les détails ?

• Expliquer le principe du projet : au moment où on a dégusté ce gâteau, on ne savait pas qu'on aurait à en parler. C'est au moment où on vit une situation qu'on peut le mieux récolter des impressions qu'on communiquera ultérieurement aux autres.

• Annoncer qu'à la fin de la semaine suivante, les enfants feront une petite rédaction sur un plat qu'ils aiment beaucoup. Ils devront décrire ce plat et donner envie d'en manger à leurs camarades.

Si un plat qu'ils aiment particulièrement leur est servi au cours de la semaine, ils devront se préparer **sur le moment** à en parler plus tard. Ils devront observer la couleur, la forme, le goût, la consistance, l'ambiance…

• Leur demander de traduire leurs impressions en mots en s'imaginant en parler en classe.

3 Prolongement

Chaque jour, réserver quelques minutes à cet exercice : ceux qui le veulent décrivent aux camarades le plat qu'ils ont aimé et argumentent à son propos. Ils expliquent aussi comment ils ont mené leur activité mentale à cette occasion.

Les camarades en profiteront pour recueillir des idées d'observation qu'ils pourront utiliser à leur tour.

Cette préparation permettra à chacun de ne pas être à cours d'idées pour la rédaction prochaine.

tance dans cette exploration, l'exercice deviendrait artificiel. Certains enfants peuvent ne rien retrouver. Le fait d'entendre les autres leur donne l'occasion de construire l'évocation qui leur fait défaut.

La mise en projet qui clôture la séquence les incite à mieux capter par la suite les impressions, à fixer les évocations qu'ils se donneront, en l'occurence, de leur plat favori.

Objectifs méthodologiques

- **Explorer l'évocation d'un souvenir pour le revivre de l'intérieur et dans le détail dans le but de le communiquer.**
- **Montrer l'aspect déterminant de la mise en projet au moment ou la situation est vécue, pour pouvoir communiquer ses impressions.**

COMMENTAIRES

1

A. Exploration des évocations
Sollicitation guidée du P1.
Impressions :
« Gâteau à étages,
- en couronne,
- décoré avec du chocolat blanc et des noix,
- c'était chaud à l'intérieur.
- J'ai reconnu l'odeur quand on l'a sorti du four, ça sent bon.
- On entend les rires, les applaudissements.
- C'était mon anniversaire, il y avait juste la lumière des bougies.
- J'en ai mangé trop et j'ai eu mal au ventre.
- Il y a eu des taches sur la nappe... »

B. Enrichissement des évocations
Sollicitation du P4 et du P1.

2

La description exige une succession d'allers-retours mentaux entre soi-même et ceux pour qui on s'exprime. Il faut pouvoir faire exister l'autre dans sa propre évocation, lui ménager un espace pour s'adresser à lui et penser à expliciter ce qui nous semble évident.

Le dialogue pédagogique montrera que c'est par le fait de penser à ce qu'on en dira aux camarades qu'on arrive à accumuler des détails sur son plat favori.

3

Remarques d'élèves
« Cela montre et apprend comment on peut se rappeler de quelque chose, le voir dans sa tête et se dire : *"Qu'est-ce que j'ai senti, qu'est-ce que j'ai vu."* On a des pensées qui nous font revenir des moments fabuleux ou énervants.
- Cet exercice m'a aidé à bien penser à ce que je ressentais en dégustant ce dessert.
- Ça aide à se représenter une scène.
- C'était assez amusant et ça donne faim.
- C'est bien pour écrire à ses parents ou à ses grands-parents ou à d'autres personnes. »

FICHE D'ACTIVITÉ 13

ÉLARGIR SON REGISTRE

Le vocabulaire que les enfants sont en mesure de reconnaître est bien plus étendu que celui qu'ils utilisent. Cette séquence vise à faire passer des mots du vocabulaire passif dans le registre du vocabulaire actif.

Les élèves qui se donnent essentiellement des images visuelles peuvent prendre

Objectifs pédagogiques

- **Montrer aux enfants le lien entre l'activité de lecture et celle de production d'un écrit. Amener les élèves à lire un texte en s'intéressant à la façon dont il est écrit.**
- **Élargir le registre du vocabulaire à l'écrit par l'exploitation du vocabulaire emprunté aux lectures.**

DÉROULEMENT

1 Première séquence : sélectionner des mots

• Distribuer aux enfants une feuille comportant deux courts récits.

Visite surprise

Une habitante de la banlieue de la ville canadienne de Toronto a eu une drôle de visite. Alors qu'elle rentrait chez elle, elle a vu un cerf bondir dans son jardin. Mais il ne s'est pas arrêté au jardin. Il a continué sa route en fonçant sur la maison. Il a fracassé la baie vitrée et est entré dans la maison. Puis le cerf, tranquillement, a visité la maison, mangé la plante du salon puis il s'est effondré sur le canapé pour faire une petite sieste. Les forces de l'ordre, appelées en catastrophe, ont juste prolongé son sommeil en lui faisant une petite piqûre. Puis le cerf a été transporté jusqu'à sa forêt.

• Les inviter à les lire dans le but d'y « piocher » du vocabulaire intéressant. **C'est-à-dire des mots dont ils connaissent déjà le sens mais qu'ils n'utilisent pas habituellement et qui pourraient être utiles lors de la prochaine rédaction.** Il faut choisir des mots connus mais qu'on n'aurait pas eu l'idée d'écrire soi-même.

• Leur demander de s'imaginer déjà au moment de l'expression écrite, à l'instant précis où ils vont se mettre à écrire. Ils sauront mieux quels mots choisir.

• Écrire la consigne au tableau. Laisser à chacun le temps de la comprendre et de poser des questions.

Accorder un court temps de recherche (5 minutes) suivi d'une mise en commun.

• Écrire au tableau les mots proposés par les enfants en leur demandant d'argumenter sur leur utilité lors de la prochaine rédaction. Le plus souvent, les enfants ont relevé des noms, des verbes mais peu ou pas de prépositions, d'adverbes ou de conjonctions. Rappeler que le sujet de l'expression écrite prochaine sera un récit différent de ceux qu'ils ont lus. On peut recueillir des mots qui aident à enchaîner les phrases ou qui expriment bien ce qu'on ne saurait pas dire.

• Ajouter au tableau les expressions exploitables que les élèves n'auraient pas repérées.

2 Deuxième séquence : mémoriser

• Chacun choisit cinq mots du tableau qu'il pourra utiliser dans son récit. Il s'agit de les mémoriser, pour pouvoir les écrire de mémoire sur un carnet réservé à cet usage.

• Demander aux élèves de construire une phrase avec chacun de ces mots. Ils peuvent penser à des récits, des contes qu'ils connaissent déjà pour construire les phrases. Les leur faire écrire sur des morceaux de papier différents et souligner à chaque fois le mot utilisé. Ramasser les papiers.

• Lire à la classe toutes les phrases correspondant à un mot précis. Écrire quelques phrases, choisir celles dont les tournures grammaticales sont variées.

• Inviter les enfants à se représenter le moment de l'expression écrite en fin de semaine. Qu'ils s'imaginent intégrer les mots choisis dans des phrases.

3 Troisième séquence : rédiger

Lors de la séquence de rédaction, les enfants pourront sortir leur carnet de vocabulaire et réutiliser le vocabulaire préparé. Ils souligneront dans leur rédaction les mots exploités.

• **Une variante** consiste à glaner avec les enfants d'abord les idées de la rédaction et ensuite leur proposer de fouiller eux-mêmes dans leur livre ou leur fichier de lecture pour faire la « chasse aux mots ». Ils copient les expressions qui les intéressent et les évoquent dans le but de les réexploiter.

l'habitude de capter, dans leurs lectures, seulement les éléments susceptibles d'alimenter leur imagerie mentale, au détriment d'un intérêt pour la manière dont c'est rédigé. Cet exercice peut leur permettre d'amasser le matériel nécessaire pour écrire avec plus d'aisance.

Objectifs méthodologiques

- **Orienter l'attention des élèves vers le vocabulaire d'un texte, par la mise en projet d'emprunter des mots et de les utiliser.**
- **Prolonger cette sélection par le geste de mémorisation.**

COMMENTAIRES

1

Une belle peur
Par un après-midi de printemps, mon oncle Ferdinand me demanda de l'accompagner au supermarché. Faire les courses ne m'intéressait pas beaucoup. Mais les bandes dessinées du rayon des livres m'attiraient davantage. Je me mis à lire des histoires passionnantes. Une demi-heure plus tard, je me rendis compte que j'avais perdu Ferdinand. Affolé, je courus vers les caisses, mais pas d'oncle.
Les larmes qui coulaient sur mes joues inquiétèrent des clients et on me conduisit dans une salle vitrée. Une dame appela mon oncle au micro. Quand je le revis, je fus bien soulagé, mais Ferdinand, lui n'était pas content du tout.

La mise en projet de rédiger va permettre aux enfants de sélectionner les expressions exploitables, à condition qu'il s'agisse d'un réel projet pour l'élève et non d'un simple objectif annoncé par l'enseignant. Certains enfants auront besoin de plusieurs séquences sur ce thème pour y parvenir, ainsi que de l'éclairage apporté par le dialogue pédagogique. On y soulignera l'importance de la projection dans l'avenir qui permet de trouver pour soi-même, « les bons mots ».

Il faudra plusieurs séances avant que les enfants comprennent quels genres de mots sont utiles à réexploiter. Au début, ils ont tendance à ne chercher que les noms.

Quelques expressions sélectionnées dans les deux textes :
Alors que, en catastrophe, fracassé, effondré, forces de l'ordre, affolé, attirer, soulagé, puis, davantage, juste, par une belle après-midi de printemps...

2

Exploiter immédiatement ces mots dans des phrases personnelles permet de les montrer aux enfants dans des contextes différents. Entendre les phrases variées des camarades donne une ouverture aux élèves qui mémorisent « à l'identique » et qui ont besoin d'**apprendre à donner un minimum de mobilité à leurs acquis**. Ils peuvent alors plus facilement s'imaginer exploiter eux-mêmes le mot dans une phrase de leur composition.

3

Le carnet de vocabulaire reste à la disposition des enfants pendant la séance de rédaction. C'est pour eux nécessaire. Il s'agit de leur faciliter l'accès à ce nouveau registre de vocabulaire car leur attention est sollicitée par le fait de chercher des idées et de les écrire.

5 La conjugaison

Selon les Instructions officielles, « il s'agira pour l'élève, moins d'enregistrer mécaniquement la morphologie des conjugaisons que de s'initier à l'usage des temps et des modes et d'en appréhender progressivement la signification ».

Nous sommes loin des exercices répétitifs et abstraits, isolés des autres rubriques du français, sollicitant un pur effort de rétention intellectuelle. De fait, les exercices de répétition mécanique s'avèrent insuffisants pour une exploitation efficace des temps et des modes.

Il s'agit plutôt d'élargir le travail à la signification que prend l'emploi d'un temps, de s'habituer à le manier dans le contexte d'une phrase ou d'un texte avant de se poser la question de la terminaison juste.

La mémorisation des conjugaisons devrait permettre à l'élève :

- *de comprendre la précision apportée par l'époque désignée par le verbe conjugué lorsqu'il lit un texte,*
- *d'identifier le temps à employer en fonction de ce qu'il veut exprimer,*
- *enfin, de connaître la terminaison du verbe qu'il écrit.*

ANALYSE DES DIFFICULTÉS DES ÉLÈVES

Les difficultés que nous rencontrons dans les classes montrent que les élèves travaillent à l'encontre de cet état d'esprit. L'approche formelle et systématique de la conjugaison les éloigne de toute tentative pour comprendre la signification des temps et des modes. Les difficultés des élèves se concentrent autour de l'obstacle d'un apprentissage purement formel.

Ils s'accrochent à un par cœur mécanique, pensant ainsi économiser leur effort. Sans réel succès. S'ils savent réciter leurs conjugaisons, ils ne parviennent pas toujours à s'en servir. Différents écueils nous le prouvent.

En lecture

Lorsqu'ils lisent, les élèves peuvent se désintéresser complètement de l'époque désignée par le temps du verbe, et n'en retenir que l'action. Certains élèves gèrent mal les significations des différents temps et font des erreurs de compréhension qui nous paraissent grossières dès lors qu'un texte fait allusion à différentes époques et qu'il y fait référence de manière non linéaire. Cela amène des confusions dans la compréhension de textes ou d'énoncés comportant des retours en arrière ou une chronologie complexe.

En expression orale ou écrite

Quand ils s'expriment, les élèves exploitent peu les nuances de la langue apportées par les différents modes et les multiples temps.
Les temps du passé sont nombreux et l'enfant ne comprend pas ce que lui apporte un tel choix car les nuances apportées par ces différents temps sont pour lui abstraites, sans lien avec ce qu'il comprend d'une phrase.
L'imparfait ou le passé composé sont employés indifféremment, le plus-que-parfait l'est peu, le passé simple l'est rarement et souvent à contretemps.

Difficultés à mobiliser un temps demandé dans un exercice

Certains élèves peuvent se tromper dans un exercice, alors que l'usage de ce temps se fait sans erreur dans la cour de récréation. Ils peuvent utiliser spontanément et correctement le plus-que-parfait lorsqu'ils s'expriment à l'oral et ne plus savoir le retrouver pour un exercice de conjugaison. Ils oublient de s'appuyer sur la connaissance de la langue qu'ils ont déjà acquise. Ce qu'ils savent mobiliser de façon spontanée est perdu dès lors qu'il s'agit d'un exercice formel.

L'ÉCLAIRAGE DE LA GESTION MENTALE

Cette approche nous montre comment redonner du sens à ces acquis formels.
L'étude de la conjugaison ne peut se limiter au maniement des verbes, des temps et des modes. **Elle doit déboucher sur la compréhension profonde de l'information apportée par le verbe conjugué de la phrase.**

Prendre en compte le temps dans son évocation

Le verbe conjugué désigne d'une part l'action effectuée par le sujet, d'autre part l'époque de sa réalisation. Il s'agit donc d'évoquer ces deux informations lorsqu'on lit. La gestion mentale nous renseigne sur l'origine de certaines erreurs de compréhension.
Pour les élèves qui se désintéressent complètement de l'époque désignée par le temps du verbe, et n'en retiennent que l'action, il est plus facile de traduire dans leur évocation l'action que son époque :
- soit parce qu'évoquant visuellement, ils ne savent comment traduire le temps dans leur image mentale,
- soit parce que gérant la conjugaison uniquement en P2 (évocation à l'identique de codes formels), ils savent identifier et réciter les conjugaisons mais différencient mal les significations des temps et des modes.

Nous leur apprenons à prendre en compte les indices temporels dans leur évocation, à penser les temps en relation les uns avec les autres pour mieux les différencier. En effet, une époque ne peut être pensée isolément. Elle se définit, se détermine en relation avec une autre. Nous les amenons à explorer les décalages d'époques auxquels il est fait référence dans une même phrase ou dans un texte.

Nous proposons un outil concret, synthèse élaborée avec les élèves, pour leur donner à percevoir les rapports logiques qu'ils devront évoquer. Les élèves déplacent leur doigt à l'intérieur de ce schéma de synthèse, en fonction des indices temporels du texte.
Le mouvement kinesthésique attire l'attention de ceux qui évoquent visuellement sur

l'écart entre les époques, cet écart découvert par le corps pourra être visualisé, pris en compte dans l'évocation.
Ce mouvement sensibilise ceux qui évoquent de manière linéaire, à la durée du parcours d'une époque à une autre.

Guider la mise en projet vers le choix d'utiliser un temps spécifique en fonction de ce qu'on veut exprimer

La signification de chacun des temps doit d'abord être comprise pour pouvoir les employer à bon escient. La comparaison des différents temps de l'indicatif permettra de mettre en évidence la spécificité de l'époque désignée par un temps déterminé. La synthèse que nous proposons va indiquer les occasions dans lesquelles utiliser tel ou tel temps, guidant ainsi la mise en projet.
Le choix d'un temps se fera en fonction de ce qu'on veut exprimer. Il est important pour cette étude de solliciter les paramètres 1 (évoquer des faits vécus), ou 4 (imaginaires), pour que le choix d'employer un temps spécifique soit le reflet le plus juste de ce qu'on a pensé. Si l'évocation est sollicitée sur un mode un peu personnel (cas des paramètres 1 et 4), la recherche du temps le plus adéquat se justifie.
Nous nous sommes concentrés sur l'apprentissage des temps de l'indicatif mais il est possible de s'en inspirer pour les autres modes.

Installer le geste de mémorisation

Ce geste n'est donc pas à confondre avec l'évocation relevant exclusivement du P2 (évocation à l'identique de codes culturels et sans mise en relief, par cœur mécanique) ; il est d'autant plus efficace qu'il sollicite tous les paramètres et trouve sa finalité dans le projet de réexploiter les acquis.

Nous pouvons déjouer la tendance des élèves à l'emploi exclusif du P2, en privilégiant d'abord les exercices d'emploi des verbes avec le support de tableaux de conjugaison. Les enfants apprendront dans un premier temps à s'en servir. Lorsque la perspective de leur exploitation sera rendue concrète, ils pourront alors effectuer le travail de mémorisation. L'accent sera mis sur la manière de soulager l'effort de la mémoire par la recherche de liens, par la mise en projet d'utiliser, par la recherche des évocations convenant à chacun. Nous en donnons un exemple dans la fiche sur la mémorisation des terminaisons du passé simple.

Faciliter la mobilisation des connaissances – Guider le geste de réflexion

Le retour sur les acquis pour les appliquer à un exercice n'est pas toujours aisé. Les enfants peuvent répondre à tout hasard, redonner le dernier temps appris quelle que soit la consigne de l'exercice. Les temps et les verbes étudiés sont nombreux et les enfants ne savent pas toujours trier, fouiller parmi leurs acquis en fonction de la question posée. Cela demande une structuration des connaissances, l'élaboration d'une synthèse à l'intérieur de laquelle on puisse se déplacer mentalement pour y puiser la connaissance demandée. Il faut savoir voyager mentalement sur la ligne du temps, d'une époque à une autre, et solliciter en pensée le temps recherché.
L'approche successive des différents temps permet mal de les relier les uns aux autres et donc de les différencier. C'est pourquoi nous proposons une approche synthétique dans laquelle les élèves, évoquant de manière linéaire ou panoramique, apprendront à se diriger.
On peut aussi inciter les élèves à s'appuyer sur la connaissance de la langue qu'ils

ont acquise au quotidien. Mettre en évidence des indices de reconnaissance des temps simples facilitera leur mobilisation au moment d'écrire. Ces indices, personnalisés en fonction des habitudes évocatives de chacun, guident les enfants dans leur réflexion et permettent d'éviter les réponses données à tout hasard. Les temps composés, eux, pourront être retrouvés à partir des temps simples correspondants. Nous étudierons donc la manière dont ils sont construits pour pouvoir les rechercher.

Pratique de la gestion mentale dans ces séquences

Si la gestion mentale nous guide à propos de la didactique de la conjugaison, nous l'utilisons aussi pour le déroulement formel des séquences.
Nous incitons à l'évocation volontaire de la consigne lorsqu'elle est un peu longue ou complexe.
Nous proposons un travail à mener sans support perceptif ou avec un support partiel dont il faut reconstituer en pensée la partie manquante. Notamment pour permettre le rapprochement entre la règle et l'exemple. Plutôt que de les donner à mémoriser ensemble (règles et exemples pouvant être appréhendés en juxtaposition), nous donnons l'un à percevoir, la consigne étant d'évoquer l'autre à partir de ce support. La mise en relation entre les deux venant de l'enfant, la compréhension est vraiment sollicitée.
Enfin, nous pratiquons l'analyse des erreurs. Il s'agit d'explorer l'évocation ou le projet qui a suscité l'erreur, de manière à résoudre la difficulté de l'intérieur, à déraciner la confusion. Il est plus intéressant de découvrir l'attitude intellectuelle à modifier que de mémoriser un corrigé.

LES TEMPS

Cette séquence vise à doter les élèves de points de repères pour éviter de proposer n'importe quelle réponse dans les exercices. Les conjugaisons ont souvent valeur de rengaine et les enfants savent mieux les réciter que les employer. Or, leur connaissance des trois principaux temps simples est solide à l'oral, ils conjuguent « naturellement. » Cependant lorsqu'il s'agit de faire exprès de conjuguer, les erreurs apparaissent. Les enfants oublient de s'appuyer sur leurs acquis en

Objectifs pédagogiques

- **Mettre en évidence les indices effectifs qu'utilisent les élèves pour identifier le temps d'une phrase donnée.**
- **Lister différentes procédures permettant de différencier les temps simples.**
- **Entraîner les élèves à prendre appui sur ces indices de sens (et pas seulement sur des indices formels) pour transposer une phrase à un temps déterminé.**

DÉROULEMENT

1 Première séquence : repérage des différentes procédures

• Présenter quelques phrases écrites au tableau (cinq phrases au minimum).
Ex. : « *Nous irons à la piscine vendredi…*
Il voulait acheter une paire de chaussures.
Ce bruit me casse les oreilles. »
Les enfants doivent en identifier les temps et s'en souvenir. Les verbes conjugués seront effacés et remplacés par leurs infinitifs. Il faudra indiquer quelle phrase était auparavant à quel temps.
Laisser aux enfants le temps d'intérioriser la consigne. Vérifier qu'elle a été comprise par tous. Il est inutile d'apprendre les phrases par cœur.

• Inviter à penser à ce que la phrase raconte. Il faudra voir comment on traduit dans sa tête le fait qu'elle est conjuguée à tel ou tel temps.
Qu'est-ce qui montre dans l'image qu'on se donne que c'est au passé, au présent ou au futur ?
Ou bien, qu'est-ce qu'on se dit, qu'est-ce qu'on entend ?

• Annoncer une mise en commun, à ce propos, à l'issue de l'exercice. Expliquer que cette recherche sur la manière de penser le temps du verbe constitue le but de l'exercice.

Réalisation de l'exercice et correction.
Mise en commun des procédures utilisées. Les lister au tableau.

2 Deuxième séquence : exploitation de ces procédures

• Donner oralement une liste de phrases. Il faut en identifier à chaque fois le temps.
Pour cela, inviter les élèves à tester tour à tour chacune des procédures suivantes.
Quand on change de temps, déplacer l'image dans sa tête, puis, en intensifier ou en ternir les couleurs, enfin, prononcer mentalement un mot indicateur (« maintenant », « plus tard » ou « c'est déjà fait »).

L'échange qui suivra mettra en évidence pour chacun l'évocation la plus expressive, la plus sûre.

• Donner ensuite des phrases à transposer d'un temps à un autre. Chacun utilise la procédure mentale qu'il a identifiée comme la meilleure.

• Faire élaborer un schéma rassemblant les différents temps simples avec pour chacun d'eux une phrase d'exemple et les indices qui sont significatifs pour l'élève.

P1, il faut donc mettre en évidence des indices concrets de rappel des temps simples.
Les temps composés seront par la suite fabriqués à partir des temps simples. Ce travail porte sur la reconnaissance du passé, du présent et du futur. Le passé simple, non utilisé à l'oral, fera l'objet d'une étude spécifique.

Objectifs méthodologiques

- **Apprendre à traduire dans son évocation l'information concrète donnée par le temps du verbe.**
- **Mettre en évidence les différentes manières d'opérer cette traduction.**
- **Déterminer la procédure la meilleure pour soi-même.**

COMMENTAIRES

Certains élèves ne s'intéressent qu'à l'action décrite par le verbe au détriment de l'époque qu'il désigne. C'est surtout vrai pour ceux qui évoquent visuellement, l'action désignée par le verbe étant plus facile à traduire en image que l'époque de son accomplissement. Cela peut susciter des erreurs de compréhension dans la lecture de textes ou d'énoncés, par l'absence de codage mental du temps des verbes, lorsque le texte comporte des retours en arrière.
Apprendre à traduire dans son évocation le temps du verbe oriente vers une meilleure prise d'indices. Cette traduction intentionnelle de toutes les informations contenues dans la phrase est la signature du geste de compréhension.

1

Procédures mentales répertoriées

• *Passé (ici, l'imparfait) :*
- Placer l'image de ce que raconte la phrase à gauche ou la mettre derrière soi.
- Éloigner l'image de soi.
- Ternir les couleurs.
- Revoir son tableau de conjugaison et visualiser la colonne imparfait.
- Se dire que c'était avant, autrefois, que l'action est déjà faite.

• *Présent :*
- Placer l'image devant soi, au milieu.
- Lui donner des couleurs vives.
- Se dire que cela se passe maintenant.

• *Futur :*
- Placer l'image loin devant ou à droite.
- Se donner une image en noir et blanc.
- Prononcer mentalement « bientôt ».
- Se dire que ce n'est pas encore fait.

• Annoncer le dialogue est nécessaire pour que les enfants pensent à noter leurs procédures qui, sinon, risquent de rester implicites.

2

• Les évoqués visuels traduisent souvent la temporalité par un balayage de l'espace de gauche à droite ou de bas en haut.
Une élève a codé mentalement le temps par des couleurs très vives dans le présent, légèrement effacées dans le passé et pas encore présentes pour le futur.

• Tester tour à tour les différentes procédures permet de vérifier si celle qu'on a utilisée nous convient vraiment. Il s'agit plus de se positionner par rapport à un essai que de réussir toutes les procédures.

FICHE D'ACTIVITÉ **15**

LES TEMPS

Les temps composés sont construits selon une structure que les élèves ne perçoivent pas spontanément. Apprenant ces temps séparément, ils les situent mal les uns par rapport aux autres et en mémorisent seulement l'aspect formel.

Objectifs pédagogiques

- **Montrer le système de correspondance entre temps composé et temps simple :**
  - du point de vue de la construction,
  - du point de vue de la concordance des temps.
- **Élaborer un schéma de synthèse de l'ensemble des temps de l'indicatif permettant de les situer les uns par rapport aux autres.**

Le passé simple et le passé antérieur ne feront pas l'objet de cette étude. Ils seront abordés ultérieurement.

DÉROULEMENT

1 Première séquence : associer temps simples et temps composés

A. Par le sens

• Présenter six phrases dans le désordre afin que les enfants établissent eux-mêmes des rapports significatifs entre elles.
La phrase au temps composé doit pouvoir s'associer par le sens à celle du temps simple qui lui correspond.
Nous sortirons. Il avait gelé. Le beau temps sera revenu.
Les trottoirs sont encore humides. Il a plu.
Le verglas rendait la route glissante.

• Donner la consigne : relier deux à deux les phrases écrites en désordre. Quand on a trouvé deux phrases qui s'associent bien, on les garde en tête pour pouvoir les écrire sans regarder le tableau. Puis, on associe deux autres phrases, etc.
• Laisser aux élèves le temps d'intégrer la consigne, puis l'écrire au tableau.

Mise en commun et correction - Analyse des erreurs éventuelles

Il avait gelé. Le verglas rendait la route glissante.
Il a plu. Les trottoirs sont encore humides.
Le beau temps sera revenu. Nous sortirons.

• Demander aux enfants ce qu'ils ont observé en associant les phrases deux à deux : « Elles parlent de la même chose. Elles s'accrochent l'une à l'autre. Il y en une qui se passe juste avant l'autre… ».
• Souligner les verbes et montrer la présence d'un temps composé (verbe en deux mots) avant un temps simple.

B. Par la construction

• Effacer les sujets et les compléments des phrases, ne laisser que les verbes : *avait gelé, rendait.*
Demander aux élèves d'évoquer les deux premiers, puis cacher le tableau.
• Expliquer la notion de temps composé formé à partir d'un auxiliaire et d'un participe passé.
• Montrer sur un schéma que l'auxiliaire est au même temps que le temps simple correspondant.
Demander aux enfants de chercher où placer, mentalement dans le schéma, les deux verbes évoqués. Ils peuvent prononcer la phrase du schéma et y associer les verbes ou les visualiser à l'endroit correspondant. Reprendre la même démarche pour les autres verbes.
• Faire évoquer ensuite le schéma et annoncer qu'il faudra s'en souvenir pour le lendemain.

Il s'agit d'une part de simplifier l'étude des temps de l'indicatif par la mise en évidence d'une structure, d'autre part d'explorer les décalages d'époques auxquels un texte fait référence.

Objectifs méthodologiques

- **Sollitation du P3 : mise en évidence et évocation :**
  - **du système de construction des temps composés,**
  - **de la concordance de sens entre temps composé et temps simple.**
- **Montrer la nécessité aux élèves qui évoquent seulement l'action désignée par le verbe de prendre aussi en compte l'époque dans leur évocation, et leur en donner les moyens.**
- **En lecture, s'entraîner à circuler mentalement dans les différentes époques auxquelles le texte fait référence.**

COMMENTAIRES

1

Perceptions dissociées

Présentation verbale et visuelle de la consigne avant de donner l'exercice.

A. Évoquer les deux phrases combinées avant de les écrire permet de mieux sentir la continuité des actions. On est ainsi amené à prononcer ou à visualiser l'enchaînement.

Analyse d'une erreur

Pour pouvoir relier les phrases de façon pertinente, les élèves doivent associer deux indications : l'époque indiquée par le temps du verbe et l'action qu'il désigne.

Xavier, lui, s'est contenté d'évoquer l'action indiquée par le verbe. Il associe *il a plu* avec *il avait gelé.*

Il explique : « *Quand il a plu, après l'eau gèle* ». Se donnant seulement une image de pluie et une image de gel, il ordonne les phrases sans avoir tenu compte des temps employés.

Explorer son évocation et lui montrer en quoi elle était incomplète lui a permis de comprendre et de rectifier son erreur. Il a pu porter son attention sur le temps des verbes, identifier l'action la plus ancienne (le gel), et constater qu'elle ne pouvait précéder l'action de pleuvoir.

B. Par la construction

Temps composé	**Temps simple**
↓	↓
Sujet + verbe « être » ou « avoir » au temps simple + participe passé	Sujet + verbe

Les élèves placent mentalement les deux verbes donnés en exemple dans la structure du schéma. Ils sont ainsi amenés à faire par eux-mêmes le lien entre la règle et l'exemple. L'évocation étant dirigée vers les liens à tisser, ils ne peuvent se contenter de mémoriser la règle ou le schéma ou les deux en juxtaposition.

2 Deuxième séquence : construire le temps composé à partir du temps simpl

• Temps d'évocation de la séquence précédente, suivi de la reconstitution collective du schéma.
• Écrire au tableau la manière de transformer le temps simple en temps composé, avec un exemple. Laisser les enfants observer, puis donner l'explication oralement.
• Inscrire un verbe conjugué à un temps simple, demander aux enfants de le transposer au temps composé correspondant. Correction.
Ensuite, les enfants se font faire l'exercice mutuellement. Chacun prépare un verbe conjugué à un temps simple et interroge son voisin sur le temps composé correspondant.
• Faire évoquer ce qu'a apporté cette nouvelle séquence. Montrer la planche de conjugaison d'un verbe à l'indicatif qui sera à mémoriser pour le lendemain. (Hormis le passé simple et le passé antérieur). Expliquer le gain de temps permis par le système de construction des temps composés.

3 Troisième séquence : concordance des temps

A. Du temps composé au temps simple

• Symboliser la relation temporelle entre temps composé et temps simple chaque fois par un train à deux wagons. Inscrire au-dessus de chaque wagon le nom du temps qu'il représente.
• Écrire une phrase au passé composé dans le wagon correspondant.
Laisser le wagon du présent vide.

• Expliquer que l'action d'acheter des bonbons est terminée mais elle laisse encore des traces dans le temps présent.
• Donner la consigne suivante : penser à ce que raconte cette phrase et imaginer le prolongement ou les conséquences qui en résultent. Ensuite construire une phrase qu'on pourrait placer dans le deuxième wagon.
Ex. : « Je vois entrer la personne dans la pièce avec un sac de bonbons. Je peux dire *"Ils sont dans le sac".* »

Mise en commun

• Vérifier que les phrases trouvées évoquent bien le prolongement de l'action donnée au passé composé. Les enfants qui n'ont pas trouvé de phrase au présent ou qui l'ont mal mise en rapport avec celle du passé composé mémorisent une phrase proposée par un camarade.
• Idem pour les combinaisons :
Plus-que-parfait / imparfait : *« Mon petit frère s'était acheté un nounours. »*
Futur antérieur / futur *« Quand l'année scolaire sera terminée. »*

B. Du temps simple au temps composé

• Placer cette fois-ci une phrase dans le wagon du temps simple.
• Demander aux enfants de s'en représenter le sens et d'imaginer l'action terminée qui a précédé ou qui a causé celle qui est donnée. Ils construisent ensuite une phrase au temps composé correspondant. Le wagon vide sert de support à l'évocation des élèves.
Ex. : … *Le chat dormait dessus … Je te remercie beaucoup… Nous lui rendrons visite.*
• Mise en commun des phrases trouvées. Dialogue sur l'origine des erreurs.

Pour fabriquer le temps composé

2

Temps composé	**Temps simple**
↓	↓
Sujet + verbe	Sujet + verbe
1. Mettre « être » ou « avoir » au temps simple ←	*La dame dînait*
2. Trouver le participe passé du verbe ←	*au restaurant.*

Présentation sous les deux formes mais dissociées. Récapitulation mentale de la séquence avec mise en projet d'exploiter la structure dans le travail de mémorisation.
Nous abordons seulement dans la 2e séquence la transformation d'un temps simple en temps composé, car les exemples de la première séquence donnaient à comparer des verbes différents. Ici, il s'agit du même verbe.

3

A. Du temps composé au temps simple

Le temps composé raconte une action terminée dont les conséquences se prolongent au moment indiqué par le temps simple correspondant. Si je constate « quelqu'un a fait la vaisselle », l'action de laver est terminée dans le présent mais j'en vois les traces : la vaisselle est propre.
Cette concordance des temps, si difficile à comprendre dans l'abstrait, peut être abordée efficacement si l'on veille à rendre les liens logiques explicites, apparents, et à guider les enfants vers leur évocation dans un sens et dans l'autre. Cette évocation en P3 s'enracine dans le P1 ou le P4, dans la mesure où elle appelle des scènes concrètes vécues ou imaginées par les élèves.
Le lien à trouver entre les deux actions doit refléter le lien entre les deux époques.

B. Du temps simple au temps composé

Utiliser des pronoms facilite la recherche des élèves et l'oriente. L'élève se focalise sur l'implicite apporté par le pronom et en cherche le sens. Il est ainsi guidé dans sa recherche d'une action précédente.

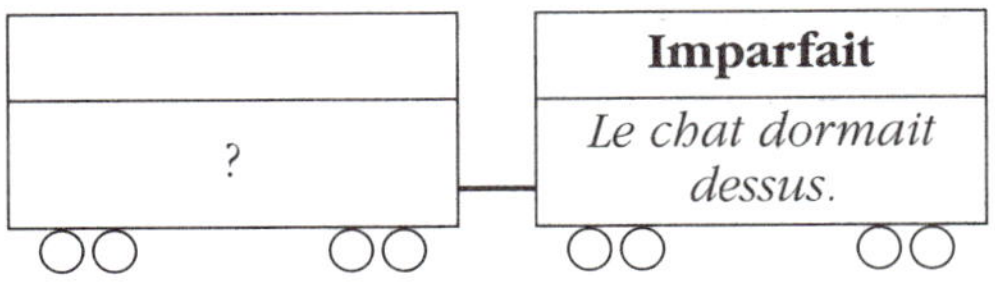

Analyse d'une erreur à partir de l'évocation qui l'a suscitée

Une élève propose : *« Il y avait un coussin dans la cuisine, le chat dormait dessus. »*
« Qu'avais-tu dans ta tête pour fabriquer cette phrase ?
- J'ai vu un coussin et ensuite le chat s'est installé dessus.
- Est-ce que le coussin est toujours là quand le chat dort ?
- Oui, bien sûr, il est couché dessus.
- Si les deux verbes sont traduits en même temps sur ton image, c'est qu'ils sont tous les deux à l'imparfait. La présence du coussin entraîne bien le fait que le chat dort. Mais l'action en rapport avec le coussin doit être terminée au moment où le chat dort. C'est pourquoi le premier wagon est fermé.
- Je peux dire, j'avais acheté un coussin. »

4 Quatrième séquence : élaboration d'un schéma d'ensemble

• Distribuer des feuilles de papier avec la photocopie des wagons dessinés et accrochés deux par deux. Le nom du temps est inscrit sur le toit de chaque wagon. Un nouveau wagon figure sur la page à découper. Pour l'instant, il ne porte pas de titre car il correspond à un temps non étudié. Il s'agit du passé simple. Annoncer aux enfants que c'est un temps du passé peu utilisé à l'oral. Il sera bientôt abordé.

• Les enfants découpent les wagons. Ils choisissent la disposition qu'ils préfèrent pour placer les wagons par paires.

Indiquer la place des deux wagons vides : dans le passé, en parallèle avec le plus-que-parfait et l'imparfait.

Ils collent ensuite les wagons ainsi disposés sur du papier cartonné.

• Faire établir une limite au crayon entre les temps du passé, le présent et les temps du futur.

Temps de récapitulation mentale de la séquence à la suite de laquelle les enfants inscrivent de mémoire dans les wagons les phrases sur lesquelles ils ont travaillé.

Prolongements : situer l'ordre des actions dans un texte

• Préparer sur une grande affiche le schéma des wagons disposés selon un ordre convenu avec la classe. Cette affiche constitue un support d'évocation pour les exercices qui suivront.

• Proposer des phrases présentant des combinaisons inhabituelles, des retours en arrière ou des écarts importants entre les époques désignées par les verbes conjugués.

Je remarque *que* ***mon cousin a grandi*** *pendant les vacances.*
Je cherchais *partout le beau stylo que* ***mon oncle m'avait offert****.*
Nous partirons *une semaine en classe de mer, au mois de juin. Auparavant,* ***nous aurons terminé*** *le programme scolaire.*

Je terminais *la vaisselle quand le téléphone* ***a sonné****.*
Ce paysage ressemble *à celui que* ***j'avais imaginé****.*
Le film que ***j'avais vu*** *avec toi l'année dernière ne* ***passe*** *plus.*
Je suis *content parce que* ***tu as réalisé*** *ce que* ***tu avais promis****.*

• Inciter les élèves à se donner une représentation mentale du sens de chaque phrase. D'après cette évocation, placer mentalement chaque action indiquée par le verbe dans le wagon correspondant. Les enfants prononcent la phrase tout bas et en suivent avec leur doigt le déroulement sur leur schéma.

• Lire d'autres phrases et faire opérer mentalement ce déplacement d'une époque à une autre, sans le support du schéma.

• Renouveler l'exercice avec un énoncé de mathématiques comportant des retours en arrière.

Jean sort de la papeterie avec 20 francs en poche. Il a acheté un cahier à 10 francs et 2 stylos à 6 francs. Combien avait-il d'argent en entrant dans la boutique ?

À la suite de ce travail évocatif, réalisé avec, puis sans le support du schéma, les élèves pourront tenter de résoudre le problème lors de la séquence de mathématiques.

Le wagon vide annonce l'étude du passé simple. Les élèves peuvent déjà situer son existence dans le passé, en parallèle avec l'imparfait.
Cette représentation de la ligne du temps horizontale et de gauche à droite est très conventionnelle. Elle ne convient pas toujours aux enfants qui peuvent préférer une ligne verticale de bas en haut ou en oblique. Nous l'avons adoptée ici par commodité de lecture.

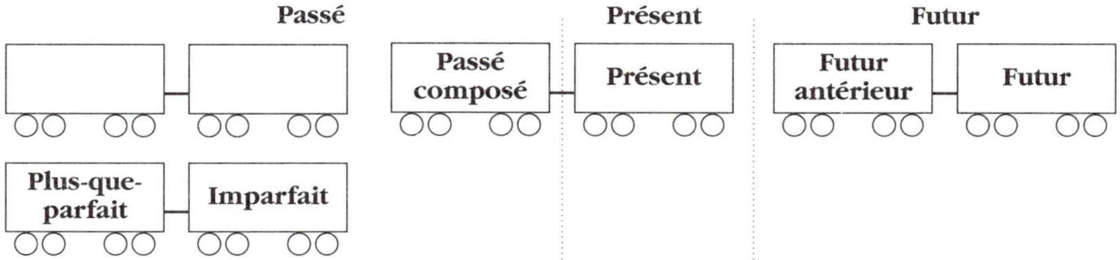

Exploitation du schéma

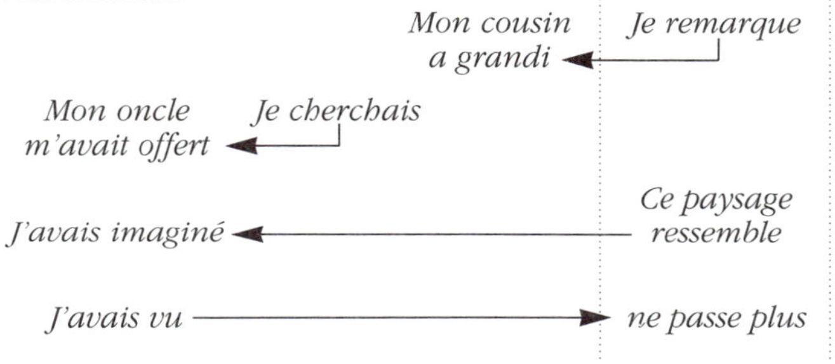

Le cadre dans lequel on se promène préfigure le mouvement de la pensée quand on lit.
Les enfants sont rendus sensibles au décalage d'une époque à une autre au sein de la même phrase. Ils peuvent mesurer ces écarts, et les évoquer, par l'espace parcouru entre les colonnes (gestion spatiale) ou par le temps mis pour effectuer ce chemin (gestion temporelle).
Certaines épreuves de lecture dans les tests d'entrée en Sixième évaluent précisément la capacité des enfants à ne pas se laisser piéger par l'ordre d'apparition des actions dans le texte. Il faut pouvoir gérer des retours en arrière et des avancées dans le futur, dans un texte dont l'ordre réel des actions décrites ne coïncide pas avec la progression linéaire.
Il en est de même pour certains énoncés mathématiques dont la difficulté réside précisément dans l'identification de l'ordre des actions.
Les exercices simples que nous proposons permettent d'y préparer les élèves.

LES TEMPS

Les temps du passé sont nombreux et les élèves peuvent glisser sur les nuances de sens apportées par les différentes époques qu'ils désignent. Et ce, d'autant plus qu'ils sont étudiés séparément. Il s'agit ici de les rassembler, de comparer

Objectifs pédagogiques

- **Montrer la spécificité et la complémentarité des différents temps du passé.**
- **Apprendre à employer ces temps de manière adéquate.**

DÉROULEMENT

• Faire observer le schéma des temps de l'indicatif et poser la question suivante aux enfants : Pourquoi tant de temps au passé ? Annoncer l'objectif de la séquence.

1 Première séquence : spécificité de chaque temps

• Inscrire, à l'intérieur du wagon du passé composé, une information sur ce qui lui est spécifique, sur la manière de l'utiliser. Inviter les élèves à lire, et leur donner la consigne de raconter pour ce temps du passé, un fait passé vécu par eux.
Chacun prépare son histoire. Pour s'exprimer au passé composé, on cherche donc une action récente.
• Cacher le tableau, puis le montrer de nouveau et faire vérifier aux élèves s'ils ont bien respecté ce qui était écrit dans le wagon. Mise en commun. Ajouter au tableau les nouvelles subtilités d'emploi, mises en évidence dans les récits des enfants.
• Idem pour l'imparfait. On peut raconter une habitude passée ou décrire une chose qui n'existe plus (un objet ou un endroit).
Les retours en arrière donneront l'occasion d'utiliser le plus-que-parfait.

2 Deuxième séquence : complémentarité de ces temps

• Montrer la façon dont ces temps peuvent se combiner. Lire un petit texte aux élèves en leur demandant de repérer la succession des temps employés :
Autrefois, les gens se déplaçaient à pied ou à cheval. La découverte de nouveaux moyens de transport a changé les habitudes. Maintenant, on se déplace plus vite, en voiture, en train ou en avion.
L'enchaînement de l'imparfait, du passé composé et du présent témoigne d'une transformation, d'une évolution.
• Montrer par un schéma les durées relatives de ces époques (cf. ci-contre).
Les enfants s'appuient sur le schéma pour retrouver ce qui a été dit pour chaque époque.
• Faire raconter de la même manière un changement intervenu dans leur vie (déménagement, nouvelle habitude…).

3 Troisième séquence : emplois du passé simple

• Introduire le passé simple : montrer son utilité :
- pour indiquer une suite d'actions courtes : *Le mousquetaire traversa la pièce, enjamba le rebord de la fenêtre et sauta sur son cheval.*
- pour interrompre une action à l'imparfait : *Le prince traversait la forêt quand il rencontra les brigands.*
- ou enfin pour indiquer une action qui a lieu après une action terminée : *Nous avions replié la tente quand la pluie se mit à tomber.*

• Associer à chaque exemple un schéma (cf. ci-contre).
• Faire retrouver la phrase aux élèves avec le support du schéma.
• Faire trouver des phrases obéissant à la même structure temporelle et concernant des faits vécus.
Inscrire enfin les particularités du passé simple sur le schéma de synthèse.

leurs particularités pour apprendre à choisir un temps en fonction de ce que l'on veut exprimer.

Objectifs méthodologiques

- **Inscrire la mémorisation des temps du passé dans une perspective d'utilisation.**
- **Montrer que l'emploi d'un temps défini doit être l'expression d'un choix que l'on peut argumenter, et non celle du hasard.**
- **Présenter le code de la conjugaison comme la possibilité d'exprimer les nuances du passé auquel on fait référence.**
- **Apprendre à penser les temps en relation les uns avec les autres.**

COMMENTAIRES

Évocation systématique du « mode d'emploi » de chaque temps 1

Plus-que-parfait pour revenir en arrière

Imparfait pour décrire quelque chose qui n'existe plus, pour raconter une habitude

Passé composé pour parler d'une action récente, qui laisse des traces…

Présent

Passé simple

Sollicitation du P1

Demander aux enfants d'employer ces différents temps pour témoigner de faits vécus et qui les concernent permet d'ancrer la compréhension de ce tableau dans le paramètre 1. Il est notoire que l'on retient beaucoup mieux une notion appliquée à un fait qui nous concerne. D'autre part, cela oblige à choisir l'événement à raconter en fonction du temps à utiliser.

Évocation du contenu du texte avec le support du schéma 2

Imparfait | Passé composé | Présent

Le schéma attire l'attention des élèves sur la relation entre les phrases et la durée d'accomplissement de chaque action.
Sollicitation du P1 par la recherche d'un exemple similaire vécu par eux.

Évocation des phrases avec le support du schéma 3

Passé simple | Passé simple | Passé simple

Imparfait | Passé simple

Plus-que-parfait | Passé simple

4 Prolongements : apprendre à utiliser les temps adéquats

1. Répartir les élèves en 4 groupes

• Choisir un verbe à l'infinitif, par exemple « découvrir ». Attribuer au premier goupe un billet sur lequel est écrit *« il a découvert... »*, au deuxième un autre billet avec *« il découvrit... »*, au troisième *« il avait découvert... »*, au quatrième *« il découvrait... »*.

• Chaque groupe compose une histoire dans laquelle ce verbe doit s'intégrer tel qu'il est conjugué. Lire ensuite les histoires et vérifier l'emploi judicieux du verbe attribué à chaque groupe. Modifier au besoin les récits pour qu'ils s'accordent à la consigne induite par le verbe dont il fallait respecter l'emploi.

• Écrire au tableau les quatre phrases contenant le verbe découvrir.

Demander aux enfants de retrouver à chaque fois l'histoire dans laquelle la phrase s'insère.

• Faire évoquer les phrases avant d'effacer le tableau. Les élèves les réécrivent de mémoire et retracent avec leurs propres mots les histoires correspondantes.

2. Montrer la grande affiche des wagons avec à l'intérieur des verbes conjugués différents.

• Les faire évoquer, cacher l'affiche, chacun doit composer une histoire tenant compte des verbes donnés.

On vérifiera lors de la mise en commun que le récit a bien pris en compte les indices donnés par les temps des verbes.

3. Enregistrer au magnétophone avant la séquence de conjugaison,

quelques élèves racontant un fait passé qui leur est arrivé. Veiller à ce que les récits collectés soient audibles et compréhensibles par toute la classe.

• Passer la bande une première fois avec la consigne de bien comprendre l'histoire.

• La repasser ensuite avec la consigne de repérer les temps employés par le camarade qui parle.

• Faire vérifier avec l'aide du schéma de synthèse si les temps sont bien utilisés. Il faut préparer ses arguments pour la discussion qui va suivre.

Masquer le tableau de synthèse au moment de l'échange.

4. Chaque enfant prépare le récit d'un événement passé dont il témoignera devant toute la classe.

La consigne est de préparer mentalement son récit et de choisir les verbes qui seront utilisés en les écrivant conjugués dans les wagons correspondants. Il faut s'engager à raconter exactement comme on l'a préparé.

5. Chaque temps pourra par la suite faire l'objet d'une fiche d'utilisation.

On y fera figurer ce qui permet de reconnaître ce temps, la manière dont on le construit (particulièrement pour les temps composés), et les occasions de l'utiliser.

Synthèse finale élaborée après de multiples exercices

Tableau d'utilisation des différents temps du passé

Ces différents exercices donnent lieu chaque fois à un travail évocatif portant :
- sur la consigne (ex. 2),
- ou bien sur la préparation mentale de ce qu'on va raconter (ex. 4), sur celle des arguments à utiliser (ex. 3),
- ou encore sur la production finale (ex. 1).

Ce schéma constitue le résultat de l'étude menée sur l'emploi des temps du passé et non son point de départ. Lorsque les enfants ont pris l'habitude de l'exploiter pour raconter ou pour justifier leur choix, sa mémorisation en découle aisément. Elle devra néanmoins se faire intentionnellement, comme clôture de ces différentes séquences et ouverture vers le travail d'expression écrite.

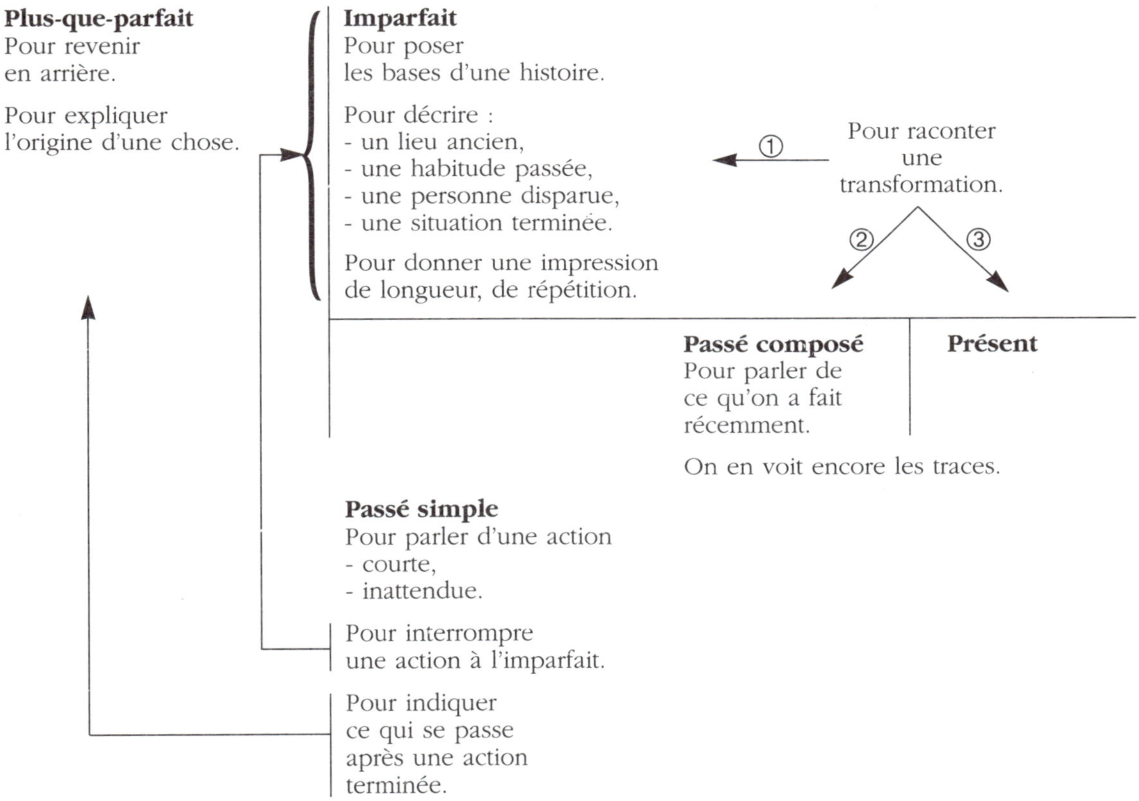

LES TERMINAISONS

Le but de cette séquence est d'entraîner les élèves à la juste pratique du geste de mémorisation : les amener, au moment où ils apprennent, à donner une perspective d'utilisation à leur évocation, ce qui en « programme » une mobilisation ultérieure plus aisée.
Le passé simple a déjà été abordé comme un temps spécifique du passé.

Objectifs pédagogiques

- **Mémoriser des terminaisons du passé simple en vue d'une exploitation efficace.**

DÉROULEMENT

1 Première séquence :

Mobilisation des prérequis : les groupes du verbe

• Demander aux enfants de retrouver chacun ce qu'ils savent sur ces groupes et de préparer ce qu'ils en diront pour que tout le monde comprenne. Laisser un temps de silence et de réflexion.
• Avant d'interroger un élève, prévenir que chacun aura à comparer ce qu'il avait dans sa tête avec ce que l'autre va dire. Plusieurs enfants s'expriment.
• Noter au tableau les conclusions. Insister sur l'utilité des trois groupes répertoriés : « On s'en servira pour trouver une terminaison. On apprend un modèle et les autres verbes du groupe se conjuguent pareils. »

Observation du tableau des terminaisons

• Présenter au tableau les terminaisons correspondant aux différents groupes.
• Proposer aux élèves de « mettre le tableau dans leur tête » pour pouvoir le reproduire sur le cahier d'essai.
• Les inviter, du fait que les terminaisons sont nombreuses, à trouver des astuces pour gagner du temps. Intégrer leurs observations dans le tableau : entourer les points communs repérés, écrire les remarques.

• Proposer de vérifier sa mémorisation en quittant régulièrement le tableau des yeux. Ensuite chacun recopie le tableau de mémoire et compare avec « l'original ».

2 Deuxième séquence : mode d'emploi du tableau des terminaisons

• Énoncer oralement une phrase à un temps quelconque. Il faudra la mettre au passé simple. On peut s'aider de son cahier ouvert. Chacun prend le temps d'évoquer la réponse avant qu'elle ne soit donnée.
• Dégager les procédures de recherche utilisées par les élèves : elles se rapprochent le plus souvent de ces deux possibilités :
1. Chercher l'infinitif du verbe. Identifier le groupe correspondant. Prononcer les différentes possibilités et choisir la plus familière.
2. Essayer à tout hasard différentes terminaisons, choisir « à l'oreille » celle qui paraît la meilleure et vérifier ensuite à l'aide du tableau.

Chacun écrit la procédure qui lui convient le mieux.

Application au récit d'une petite histoire

Exploitation du tableau des terminaisons, pour raconter au passé simple le contenu d'une petite histoire. Il s'agit d'une page de B. D. muette (cf. p. 89).
• Faire « lire » la planche aux enfants pour dégager le sens général de l'histoire.
• Observer, à nouveau, la première vignette, cette fois dans le détail. **On écrira dessous l'action du héros au passé simple. Il s'agit ici d'évoquer le verbe conjugué à écrire, avec sa terminaison.**
• Mettre en commun les propositions des enfants. Recherche de l'origine des erreurs éventuelles. Ceux qui se sont trompés sont invités à mémoriser la bonne terminaison en s'imaginant la dire et l'écrire par la suite.
• Prévenir les enfants que l'écriture du verbe conjugué se fera au moins une demi-heure plus tard et sans l'appui du tableau. Idem pour les autres vignettes.

Objectifs méthodologiques

- **Montrer comment exploiter les différents groupes du verbe ainsi que le tableau des terminaisons du passé simple de façon à placer cet apprentissage dans une perspective d'utilisation.**
- **Rendre explicite la mise en projet.**
- **Guider le geste de réflexion au cours des exercices d'application pour trouver la bonne terminaison.**

COMMENTAIRES

1

Appel aux acquis et temps d'évocation
Les enfants, pris par l'impulsion de s'exprimer, prennent la parole sans savoir précisément ce qu'ils vont dire. Ils parlent de manière confuse ou trop lente. Préparer leur communication facilite le rythme des échanges et favorise l'écoute de la classe.

Mise en projet d'utiliser les groupes du verbe
Une notion telle que les groupes du verbe n'a pas d'autre intérêt que d'être utilisée pour s'appuyer sur le modèle de conjugaison correspondant. Cela reste incompris de nombre d'élèves qui, sachant les reconnaître, omettent de s'en servir.

Relever des similitudes pour soulager la mémoire (sollicitation du P3)
Les élèves qui n'établissent pas de liens spontanément ont besoin pour y parvenir d'évoquer en se coupant de la perception devant laquelle ils ont tendance à rester figés. C'est à cette condition que les connaissances évoquées deviennent mobiles, comparables, regroupables ou enchaînables. C'est particulièrement pour eux que nous incitons à la mémorisation immédiate du tableau.

2

Les élèves qui utilisent la seconde procédure peuvent se contenter d'un essai « à l'oreille » (pas toujours fiable). Profiter d'un échange sur une erreur pour montrer la nécessité de vérifier en s'appuyant sur les groupes du verbe et sur le tableau.

1. Inscrire ce travail de mémorisation dans un contexte qui lui donne du sens (un récit composé d'une succession d'actions courtes correspondant bien à l'emploi du passé simple), et qui soit ludique (des illustrations et une histoire cocasse) le rend plus digeste.
2. Les élèves plus globaux ont besoin de parcourir la planche tous azimuts pour lui donner un sens. L'action de chaque vignette est identifiée par relation avec le contexte général.
3. Décaler le moment de la restitution permet de ne pas s'arrêter à une mémoire immédiate. Paradoxalement, cela détend les enfants trop pressés d'écrire (de peur de perdre) et les pousse à évoquer de façon plus approfondie.

Tableau des terminaisons du passé simple

1	2	3		
ER + aller	IR (issons)	Tous les autres		
ai as a âmes âtes èrent	is is it îmes îtes irent	is is it îmes îtes irent	us us ut ûmes ûtes urent	ins ins int înmes întes inrent

Comme le futur. Comme avoir au présent. (ai, as, a)

Penser à « hérisson » (issons)

Je peux penser à USA. (évocation qui risque de parasiter) (us, us)

Je peux effacer cette colonne, mais il faut se rappeler qu'elle existe. (is, is, it…)

U, ça ressemble aux terminaisons de i sauf qu'on entend u à la place. (us, us, ut…)

Ce qui est écrit dans les encadrés correspond aux remarques des enfants.

AÏE!

6 La grammaire

La grammaire est l'étude de l'architecture de la phrase pour en mettre en évidence la structure, en saisir la logique interne. Son étude doit pouvoir permettre de :
- *comprendre l'organisation des informations contenues dans une phrase complexe,*
- *construire des phrases structurées et claires,*
- *repérer les mots qu'il est nécessaire d'accorder.*

La maîtrise plus ou moins grande de la grammaire a donc des incidences sur l'aisance en lecture, en expression écrite et en orthographe.

ANALYSE DES DIFFICULTÉS DES ÉLÈVES

Les difficultés rencontrées par les élèves prouvent qu'ils sont bien loin de saisir le sens et la finalité de cette activité.

L'absence de finalité

La grammaire est considérée par les enfants comme la rubrique la plus rébarbative et dénuée de finalité. Ils en limitent bien souvent les acquisitions à la récitation d'une règle, à son application dans des exercices systématiques, sans la relier toutefois à un but concret et personnel. L'élève, pourtant plein de bonnes intentions, apprend par cœur des termes techniques, récite des définitions **sur lesquelles il ne s'appuie pas en réalité** pour analyser une phrase ou pour poser des accords. Tout se passe comme si la grammaire était appréhendée comme un exercice stérile, ennuyeux, auquel on s'adapte tant bien que mal, sans en envisager d'autre bénéfice que la note de l'exercice. L'enfant s'habitue à mémoriser des termes dont il ne voit ni le sens, ni l'intérêt. Pour couper au plus court, il s'appuie sur des « trucs », des systèmes purement formels, n'en retenant quelquefois qu'une partie, ce qui produit des erreurs persistantes. La grammaire est perçue comme un système lourd et peu utile car son exploitation est trop implicite en orthographe ou en expression écrite.
On suppose qu'à force d'analyser des structures de phrases variées, l'élève saura, à son tour, en construire et s'en inspirer lorsqu'il rédigera. C'est pourtant loin d'être évident. Si quelques élèves le font spontanément, les autres ont besoin d'être guidés par des exercices systématiques de construction de phrases.

L'analyse grammaticale

Pour les élèves, l'analyse n'a pas d'autre intérêt que de fournir l'occasion d'employer les termes techniques. Ils distinguent mal l'utilité de cette activité qui ne peut constituer un but en soi. Étudier la structure de la phrase devrait permettre de comprendre des phrases complexes, d'élaborer soi-même des phrases structurées, de mieux repérer les accords orthographiques. Or, ces finalités demeurent abstraites pour les enfants.

La confusion fréquente entre nature et fonction, dans les exercices d'analyse, montre à quel point les enfants éprouvent des difficultés à donner du sens à

ce qu'on leur demande. L'élève répond en vrac ce qu'il sait, prend la fonction pour la nature sans réaliser qu'on lui pose deux questions différentes ; l'une sur le type de mot qu'il analyse, l'autre sur la manière dont il s'insère dans la phrase.
Bien souvent, les critères **d'analyse retenus par les élèves ne sont pas fondés sur le sens de la phrase**. Des confusions récurrentes nous le prouvent. L'enfant qui identifie « la marche » comme étant un verbe, utilise un critère inadapté (je peux dire « je marche, tu marches »...). En effet, il isole le mot, y applique une méthode sans rapport avec le contexte de la phrase.

Analyser signifie couper les liens, isoler un élément pris dans un ensemble, encore faut-il partir de cette globalité. Or souvent, les élèves se précipitent sur le mot à analyser et l'isolent avant d'avoir compris comment il s'intégrait dans la phrase. En analyse, il n'est pas question d'éliminer totalement les critères de forme, parfois bien utiles, mais plutôt d'ouvrir l'enfant à des critères de sens, en relation avec le message exact délivré par la phrase, en liaison avec ce qui se passe dans sa tête lorsqu'il pense le mot.

Des répétitions lassantes

Un problème spécifique à l'enseignement de la grammaire est celui des acquis partiels des classes précédentes. Au cycle 3, les mêmes notions sont réabordées chaque année. L'élève s'ouvre difficilement aux nuances, aux subtilités apprises d'année en année car il croit déjà savoir. Ou alors, il intègre une nouvelle manière de procéder sans la relier à ce qu'il connaissait déjà. Quelque part dans sa tête cohabitent alors le nouvel acquis solide, efficace, et les restes des acquis des classes précédentes sur le même sujet. Ceux-ci peuvent être partiels, erronés, l'enfant n'en a pas conscience. Or, en situation de stress, l'acquis le plus ancien ressort, le plus souvent de façon inconsciente, et l'induit en erreur. Cela explique la présence d'erreurs persistantes malgré les explications et les appels à la vigilance. Il s'agit alors de faire émerger les systèmes réels utilisés par les élèves, souvent fondés sur des acquis anciens, pour pouvoir les faire évoluer.

ÉCLAIRAGE DE LA GESTION MENTALE

Partir des savoir-faire existants

Nous pouvons explorer les procédures mentales qui ont présidé à tel ou tel choix dans la réalisation d'un exercice. Cela permet de reprendre une notion, de l'approfondir, tout en évitant des répétitions lassantes.
La mise à jour des systèmes sur lesquels les enfants s'appuient dans la pratique pour appliquer une règle ou identifier la nature ou la fonction d'un mot constitue le premier échelon de leur progression. La prise en compte de la procédure mentale révèle quelquefois un fossé important entre la règle qu'ils récitent et la manière dont ils la mettent en application. La coupure entre connaissances théoriques et savoir-faire pratiques est génératrice d'erreurs persistantes. Proposer des exercices dont le but est d'observer les procédures met l'accent sur les moyens plus que sur les résultats. Ils permettent des révisions qui sont réellement sources de progression.

Mettre en évidence les perspectives d'exploitation

L'élève ne peut apprendre sans être investi d'un projet qui soit pour lui porteur de sens. Aux enseignants donc d'annoncer les objectifs, de montrer les perspectives concrètes de la grammaire, de manière à ce que l'élève puisse construire son propre projet. **Les exercices d'analyse doivent se faire dans la perspective d'une exploitation dans les autres rubriques du français.** Il s'avère nécessaire d'établir des ponts explicites entre les concepts théoriques appris et leur utilisation possible, pour qu'ils puissent être mobilisés par les enfants dans les activités qui le nécessitent. Ainsi, chaque notion de grammaire est étudiée en fonction de la manière dont on peut l'utiliser de manière élargie : pour la lecture des énoncés, pour construire des phrases complexes, pour préciser sa pensée quand on rédige, etc.

Guider vers l'évocation de liens logiques

L'étude de l'architecture de la phrase demande de saisir le sens concret de la phrase prise dans son ensemble (ce qui sollicite plus particulièrement le paramètre 1) et d'explorer les liens logiques qui la constituent (évocation en paramètre 3). Ce travail d'analyse pourra être mené avant même d'aborder les termes techniques de la grammaire qui pourront être présentés dans un second temps, comme la façon de désigner ce qui a été expérimenté et compris.
Il s'agit de solliciter les paramètres 3 et 1 avant l'emploi de termes techniques, de façon à éviter le recours unique au P2 (par cœur mécanique), faisant souvent obstacle à un élargissement vers les autres paramètres. **L'étude de la structure prend appui sur la signification concrète de la phrase.** L'analyse sera abordée, comme l'étude de la structure de la phrase, par une prise en compte des rapports de complémentarité que les différents groupes significatifs de la phrase entretiennent les uns avec les autres.

La gestion du paramètre 3 présente une difficulté particulière : celle de liens logiques implicites qu'il va falloir mettre en évidence pour les rendre accessibles aux élèves.
La fonction d'un mot exprime la relation qu'il entretient avec un autre mot. L'analyse grammaticale suppose donc de cerner l'utilité du mot étudié dans la phrase, de tenir compte de sa place dans un ordre de hiérarchie et non pas dans un ordre linéaire. Or cet ordre hiérarchique n'est pas donné à percevoir aux enfants. Il s'agit bien d'associer mentalement des groupes de mots et pour ce faire, de les déplacer ou de se déplacer mentalement à l'intérieur de la phrase.
Chaque groupe fonctionnel (sujet, complément d'objet ou complément circonstanciel) est donc à relier mentalement au verbe de la phrase, même s'il en est éloigné spatialement.
L'analyse de phrases complexes présente parfois des cas difficiles.
La proposition relative placée à l'intérieur du groupe sujet interrompt le fil conducteur du déroulement de la phrase. Comprendre son insertion demande de savoir à quel mot elle s'accroche et où elle finit, de manière à retrouver la continuité de la relation sujet / verbe. Il faut donc savoir isoler cette proposition relative pour retrouver le fil linéaire de la phrase. La phrase comporte des liens logiques qu'il faut pouvoir déceler. Les fiches qui suivent indiquent comment montrer aux enfants les liens qu'ils devront évoquer.

Permettre une approche en P1 (évocation de choses et scènes concrètes, vécues)

Offrir aux élèves un support de perception leur donne la possibilité de concrétiser ces liens logiques avant de pouvoir les faire exister mentalement. Toutes les fiches de grammaire qui figurent dans cet ouvrage présentent des schémas illustrant des structures logiques à l'intérieur desquelles l'enfant peut se déplacer et qu'il peut même manipuler. Il prend appui sur une structure concrète pour construire une évocation des liens logiques. Nous amenons les élèves à traduire des structures logiques par des mouvements de la main, qui préfigurent les mouvements de la pensée. Ces mouvements seront ensuite progressivement évoqués. Les élèves qui ont besoin de supports concrets peuvent ainsi trouver toute la sécurité qui leur est nécessaire avant de pouvoir évoquer l'abstrait. L'objet à manipuler leur permet une évocation en P1, comme un marchepied vers le P3. Pour ceux qui en ont besoin, les liens logiques n'ont d'existence mentale que dans la mesure où un objet concret qu'ils peuvent évoquer en garde la trace.

Installer les évocations dans un cadre, outil de synthèse et d'analyse

Nous montrons un cadre schématique simple, qui met en évidence les structures grammaticales masquées par le déroulement linéaire de la phrase. Ce schéma permet de structurer les évocations, de les réunir dans un cadre permettant la synthèse.

Les élèves qui évoquent visuellement et dans la simultanéité sont aidés par le fait de bénéficier de la perception de liens logiques jusque-là implicites.
La vision globale de cette structure les aide à la construire en évocation. Elle correspond à leur mode de pensée. L'espace constitué en pensée va se remplir, prendre petit à petit de la substance par l'étude menée ensuite. Le fait que les connaissances soient contenues d'avance dans un cadre qui les délimite et les réunit est structurant.

Ce cadre n'est pas réservé à ceux qui évoquent visuellement. Ceux qui évoquent dans la linéarité peuvent appréhender cette structure schématique de manière séquentielle. Ils pourront s'en servir selon leur mode de fonctionnement, en prolongeant leurs évocations par un cadre spatial qui les mène à la synthèse. Ce cadre mental se constitue pour eux dans un second temps, à la suite des connaissances acquises successivement.

Le passage de l'apprentissage successif des notions à leur approche synthétique nous paraît indispensable. La synthèse oblige à structurer, à mettre en évidence des rapports de ressemblance, de différence, de complémentarité, de hiérarchie, d'inclusion... Elle s'avère pour les uns une condition de l'apprentissage et prolonge le travail des autres. Nos outils synthétiques ne remplacent pas l'approche classique mais la complètent et la structurent.

FICHE D'ACTIVITÉ 18

L'ADJECTI

Certains élèves savent réciter ce qu'est un adjectif, mais font des confusions lorsque l'adjectif ne ressemble pas au modèle étudié (participe passé, adjectif verbal…). Cette séquence permet d'aborder autrement ce qui a été étudié au cycle précédent. Il s'agit de montrer que l'accord entre le nom et l'adjectif reflète au

Objectifs pédagogiques

- **Appréhender l'adjectif qualificatif dans sa relation avec le nom qu'il complète pour mieux comprendre la nécessité de l'accord.**
- **Préparer les élèves à exploiter cette notion en lecture, grammaire, orthographe et expression écrite.**

DÉROULEMENT

1 Première séquence : évocation déclenchée par l'apparition de l'adjectif

• Énoncer oralement un nom commun avec son déterminant, l'inscrire au tableau.

• Demander aux élèves de penser à sa signification puis ajouter un adjectif qualificatif inattendu qui en modifie l'évocation.

Une vitre… cassée, un monsieur… ridicule, cette voix… enrouée, des tissus… soyeux, un geste… lent.

• Après chaque exemple, inviter les élèves à s'exprimer à propos des évocations suscitées par l'association nom / adjectif. L'apparition de l'adjectif a-t-elle amené des changements et lesquels ?

• Tracer le schéma ci-dessous :

Déterminant | Nom | Adjectif

• Demander aux élèves de placer mentalement dans un morceau de puzzle chaque exemple travaillé. Pour « une vitre… cassée », où placeraient-ils sur ce dessin « une », « vitre » et « cassée » ? Idem pour les autres exemples.

• Conclure sur ce que l'adjectif a apporté en venant s'accrocher au nom.

Du nom à l'adjectif, préciser son évocation

• Écrire au tableau le puzzle, inscrire dedans un exemple de nom avec son déterminant, en laissant vide la case de l'adjectif :

L' | *homme* |

Il s'agit maintenant d'y associer un adjectif : « On ne change pas son idée ou son image mais on la précise, on cherche quel adjectif exprimerait bien ce qu'on a pensé. »

De l'adjectif au nom, concrétiser son évocation

• Inscrire au tableau le puzzle avec seulement un exemple d'adjectif :

• Demander aux élèves ce qu'ils pensent quand ils voient ce mot. Veiller à proposer des adjectifs sollicitant des évocations variées (des sensations, des jugements, des idées). Varier également genre et nombre. Proposer également un adjectif qui se place plutôt avant le nom.

Ex. : *douillet, violet, importante, impatients, belle, croustillante, passée…*

Constat

« Si on me donne un adjectif tout seul, cela fait venir aussi dans ma tête un nom. La place de l'adjectif peut changer.

- Pour douillet, je vois mon oreiller.

- Je me dis que c'est quelqu'un qui crie dès qu'il a un peu mal. »

niveau de la forme le lien de fond.
L'enfant, abordant l'adjectif dans sa signification même, peut abandonner le recours systématique aux critères purement formels. Il fait alors plus confiance à ce qu'il a expérimenté par lui-même. Cette séquence peut précéder l'approche de la « dictée canevas ».

Objectifs méthodologiques

- **Aborder l'adjectif par le biais des évocations qu'il suscite.**
- **Découvrir ce que son apparition, ou sa disparition, déclenche au niveau de l'évocation du sens de la phrase.**
- **Solliciter le P3 : guider l'évocation vers le rapport de complément qui unit l'adjectif au nom.**
- **Orienter la mise en projet vers l'exploitation de cette notion.**

COMMENTAIRES

1

Exploration des évocations

« La vitre, je la voyais devant un ciel bleu. Quand j'ai entendu "cassée", j'ai été obligé de changer mon image. »
« J'ai pensé à la vitre qui s'ouvre et qui se ferme dans la voiture. Quand vous avez dit "cassée", je me suis dit qu'on avait voulu la voler. »
Les élèves constatent un décalage important et qui les amuse entre la première évocation et la deuxième. Certains concluent qu'il vaut mieux par sécurité, attendre le deuxième mot pour évoquer.

Le schéma permet d'inscrire les exemples travaillés dans une structure spatiale pour les uns et temporelle pour les autres (la succession des morceaux). Il traduit le fait que ces trois mots forment une unité significative.

Synthèse des remarques d'élèves

« L'adjectif change l'image ou le mot que j'ai dans ma tête mais il ne fait pas venir une deuxième chose. Il me donne un renseignement pour que mon image ou que mon idée soit plus juste. Il me dit de quelle manière je dois penser le nom. »

La case vide montre l'existence potentielle de l'adjectif. Lorsqu'on pense un nom, l'adjectif est là de manière latente, il suffit de chercher à préciser sa pensée pour le formuler. Dans cet exercice, plutôt que de chercher un adjectif quelconque, il s'agit de découvrir celui qui était contenu dans l'évocation première et dont on n'avait pas pris conscience.
« J'ai pensé à un chien. Quand j'ai voulu le préciser, l'image s'est rapprochée, et j'ai vu qu'il était frisé. Je voyais aussi qu'il était roux mais j'avais plus envie de dire qu'il était frisé. »

Synthèse des remarques d'élèves

« L'adjectif permet de mieux dire à quoi on pense. Les autres peuvent mieux se représenter ce qu'on avait dans sa tête. En fait, il était déjà dans mon idée mais je ne pensais pas à le dire.
Quand on le rajoute, il faut penser à l'accorder. Cela se voit à l'écrit et s'entend quelquefois à l'oral. »

2 Deuxième séquence : comparaison avec le nom complément de nom

• Montrer que la relation qui unit le nom à son adjectif n'est pas la même que celle qui l'unit au nom qui le complète.
Dans le cas de l'adjectif, les trois mots du groupe nominal forment un ensemble indissociable. L'adjectif s'accorde car il épouse complètement le nom auquel il s'accroche (nous avons vu que l'adjectif est toujours associé à un nom, même implicite qui lui donne son sens). L'accord est le reflet de cette unité de sens.
Ex. : *les champs immenses : « immenses »* ne peut être évoqué en tant que tel, il sera associé au nom *« champs »* ou à un autre nom.
Dans le cas du nom complété par un nom, le deuxième nom peut s'associer au premier, quelquefois se fondre avec, mais il désigne un objet mental pouvant exister en tant que tel indépendamment d'un autre mot. C'est la raison pour laquelle on ne l'accorde pas.
Ex. : *les champs de blé :* le *« blé »* peut sortir de ce contexte et exister en tant que tel. Il peut être pensé tout seul.

3 Synthèse

(éventuellement en étude dirigée)
• Inscrire au tableau les conclusions, en étoile, autour du « puzzle ».
• Proposer aux élèves de les lire et de retrouver à l'issue de quel exercice, pour quel exemple ces remarques ont été faites. Temps d'évocation. Mise en commun.
• Faire chercher aux élèves dans quelles occasions, dans quels exercices ces conclusions pourraient être utiles. Les associer au schéma de récapitulation.

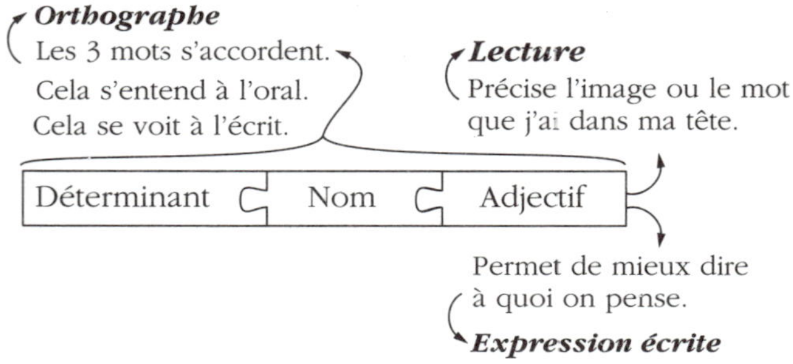

4 Prolongements

1. Travail spécifique sur les perspectives d'application

• Reprendre le schéma de récapitulation et mettre en couleur les domaines d'application. Proposer aux élèves de s'imaginer, dans chaque discipline, utiliser les remarques écrites. Ils peuvent chercher de quelle manière concrète ils auront à les mettre en application.
Ex. : *« Quand j'écris en dictée, il faut que je repère ces trois mots, même si l'adjectif est éloigné.*
– En expression écrite, quand il faut décrire quelqu'un ou un endroit, on peut mettre des adjectifs pour expliquer mieux ce qu'on a dans la tête. »

2. Élaboration personnelle

• Faire expliquer d'une autre manière ce qu'apporte l'adjectif : dessiner, raconter une histoire, construire une publicité…
Photocopier par la suite quelques productions d'élèves ; les plus originales ou les plus drôles.
En choisir quelques-unes incomplètes ou erronées. Les faire commenter par la classe. N'accepter aucun jugement de valeur. Que les enfants argumentent à chaque fois pour dire en quoi cette production est intéressante. Si elle est erronée ou partielle, leur faire préciser ce qu'il faudrait compléter ou corriger.

Les élèves qui comprennent mal cette explication pourront s'appuyer sur un autre critère de reconnaissance. L'adjectif peut se déplacer, même si parfois cela choque l'oreille. La phrase reste compréhensible. Le nom complément, lui, n'est pas déplaçable, la phrase perd son sens.

D'autre part, un exercice spécifique de « la dictée à numéros » les entraînera à établir la distinction entre les deux types de groupes nominaux.

3

Incitation à l'évocation en P3

Relation entre les exemples travaillés et les conclusions dégagées.
La synthèse trouve alors un écho dans le souvenir du déroulement de la séquence que l'on prend le temps de retrouver.

4

Mise en projet d'appliquer dans des circonstances variées

Les élèves peuvent parvenir à préciser les utilisations possibles et rester cependant très extérieurs à ces perspectives. Les idées sur « ce qu'il faudrait faire » peuvent rester à l'état d'idée et ne pas déboucher sur le projet. Insister pour que les élèves se projettent dans la situation dont ils parlent, qu'ils s'imaginent vraiment dedans et qu'ils cherchent de quelle manière s'y préparer. Établir le rapprochement avec des difficultés ou les oublis réguliers qu'ils ont constatés peut aussi introduire des perspectives réalistes et personnelles, donc profitables.

Productions d'enfants

Sollicitation du paramètre 4 comme un moyen de faire émerger les représentations personnelles des élèves, de savoir ce qui a été compris ou ce qui a pris à leurs yeux un relief particulier.

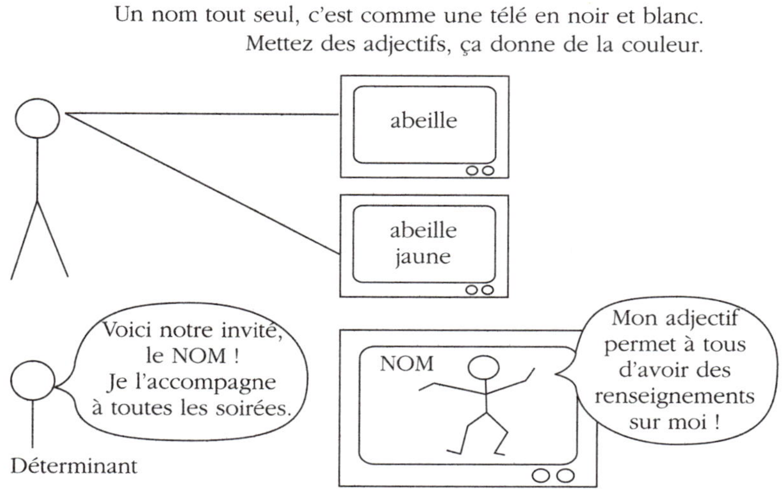

LA DEVINETTE

L'expérience montre que les enfants identifient les prépositions le plus souvent sur des critères formels : ils reconnaissent les prépositions les plus courantes et les plus citées en exemple (les petits mots courts) et sont déconcertés par une préposition ne correspondant pas au modèle qu'ils ont en référence.

Objectifs pédagogiques

- **Doter les élèves de critères de sens pour pouvoir identifier les prépositions. Mettre en évidence les différents types de renseignements qu'elles apportent.**
- **Les faire utiliser volontairement pour faciliter par la suite leur identification.**

DÉROULEMENT

1 Présentation : explication sur la signification du mot

• Présenter la préposition comme un mot dont la **position** est importante ; il est **placé devant** un groupe de mots.

• Écrire le mot « préposition » devant un trait symbolisant le groupe nominal qui suit. L'entourer.

(Préposition)————————

2 Jeu de devinettes

• **Prépositions situant un endroit précis**
Donner la devinette : « *C'est un objet : il est **à droite du** tableau, **devant** le mur, **sur** le sol, **à côté de** l'estrade.* »

• Écrire au tableau les prépositions autour d'un point d'interrogation qui symbolise l'objet à deviner. Laisser à chacun le temps de se remémorer la devinette, puis la reformuler. Faire donner la réponse par un élève qui reprend toutes les indications données auparavant.

Situer la position :

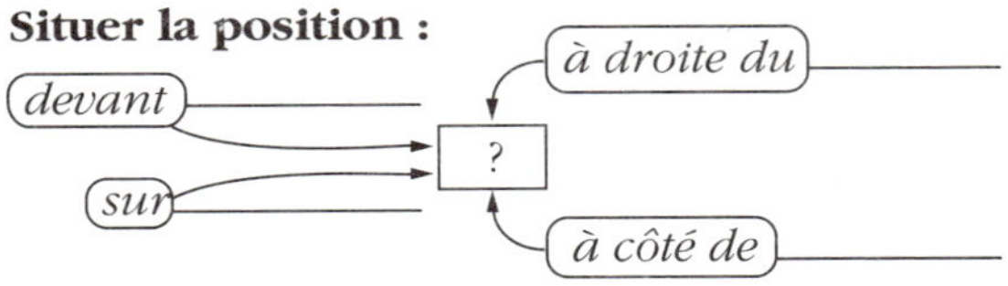

• **Poursuivre avec d'autres sortes de prépositions** (voir schémas ci-contre) **:**

- **Situant le moment :** d'une action ou d'un événement.
Ex. : « *Cette action se passe **entre** le lever et le petit déjeuner, juste **après** la toilette.* »

- **Situant la direction :** décrire un trajet déjà parcouru avec les élèves.
Ex. : « *Je vais vous emmener en pensée dans un endroit que vous connaissez. Imaginez-vous marcher dans la direction que j'indique. Allez **vers** la piscine, passez **par** la rue des Potiers, marchez **jusqu'à** la petite place, traversez le pont qui passe **par-dessus** la voie ferrée. C'est ici.* »

- **Situant la fonction :**
« *Cet objet est utile **pour** se réveiller le matin.* »

- **Situant l'appartenance, la contenance, ou la composition :**
« *Cet objet est **à** Jean, il est **en** plastique, il est plein **de** stylos.* »

3 Synthèse

• Formuler avec les élèves ce qui a été découvert sur les prépositions. L'inscrire dans un schéma de synthèse.
À partir de ce schéma, les inviter à retrouver de mémoire les différentes prépositions utilisées dans les devinettes. Temps de recherche, puis mise en commun.

4 Séquence suivante : réemploi par les élèves

• Dresser avec les élèves la liste la plus exhaustive possible de toutes les prépositions utilisables.

• Recopier ces mots sur des morceaux de papier. Faire préparer des devinettes avec les prépositions tirées au sort par la moitié des élèves, pour leurs camarades.
Les papiers comportant les prépositions **à** et **de** seront complétés par l'indication suivante : appartenance, direction, contenance, composition, provenance. L'élève devra en tenir compte pour fabriquer sa devinette.

DES PRÉPOSITIONS

GRAMMAIRE

Cette séquence met en évidence des critères de fond, plus efficaces.
La préposition est un indicateur permettant de situer un objet dans ses relations avec d'autres objets : situation dans le temps ou dans l'espace, rapport d'inclusion, d'appartenance, etc.

Objectifs méthodologiques

- **Guider l'évocation vers le paramètre 3, la mise en relation que permet la préposition entre un objet (concret ou abstrait) et ce qui apporte des précisions à son sujet.**

COMMENTAIRES

Présentation visuelle et verbale 1

L'aspect ludique de la devinette 2

Il permet une approche plus digeste des liens logiques. Ce jeu montre que la préposition n'est pas réduite au rôle de mot introducteur. Elle apporte aussi des renseignements significatifs. Évoquer la devinette avec l'aide du schéma oblige à associer mentalement une donnée à chaque préposition. L'attention est ainsi focalisée sur le rôle de mise en relation de la préposition.

Situer la direction :

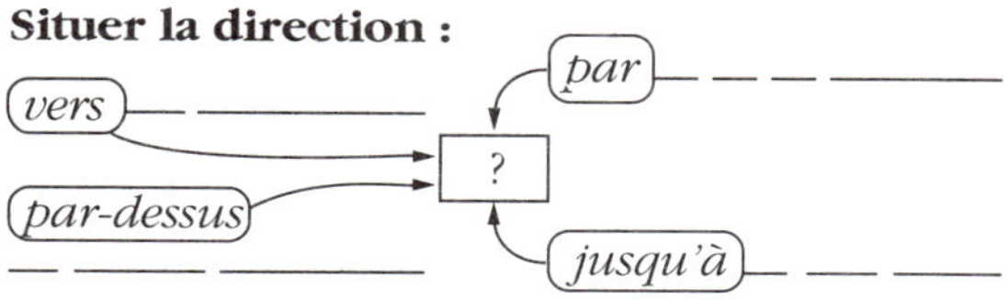

Situer le moment :

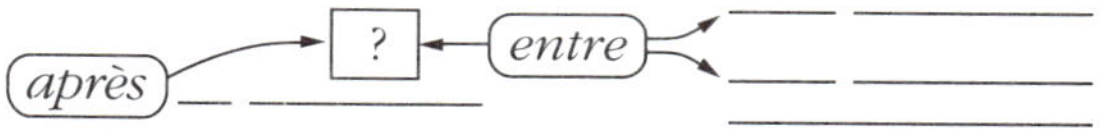

Situer l'utilité :

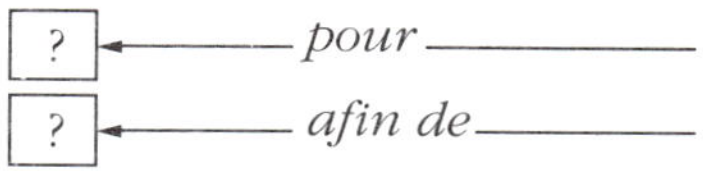

Situer l'appartenance, la composition ou la contenance :

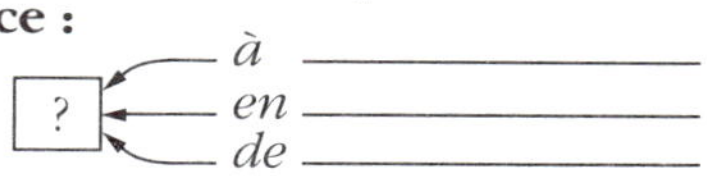

Synthèse 3

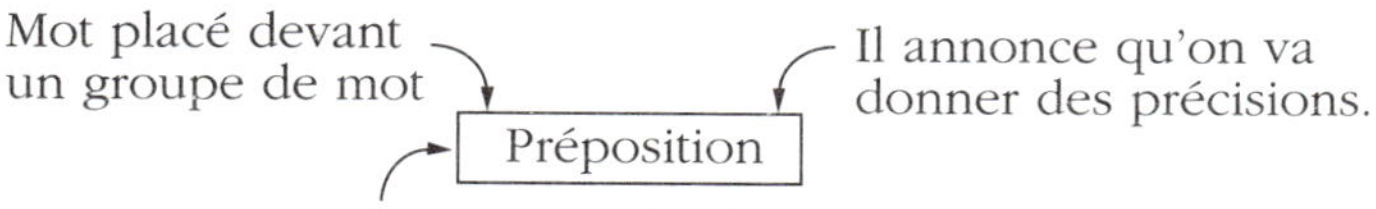

Les mots qui suivent vont renseigner sur :
- à quoi ça sert,
- à qui ça appartient,
- de quoi c'est composé,
- ce que ça contient,
- où situer la position, la direction, le moment,
- d'où ça provient.

Associer en pensée les exemples étudiés correspondant à chacune des conclusions dégagées permet de travailler le rapport entre explication et application. Le P3 est sollicité.

FICHE D'ACTIVITÉ **20**

LA NOTION

Les prérequis de ces séquences sont les notions de sujet et de verbe, seuls termes de grammaire qui seront utilisés. Cette approche constitue un préalable indispensable à l'étude grammaticale de la phrase. Il peut sembler long mais ce travail installe des bases solides et durables. Les enfants découvriront plus tard qu'ils ont fait de la grammaire sans s'en apercevoir.

Il s'agit de corriger la tendance des élèves à isoler un mot de la phrase pour l'analyser. Analyser signifie couper les liens. Encore faut-il les avoir identifiés pour

Objectifs pédagogiques

- **Préparer l'approche du concept de fonction par la mise en évidence des rapports de complémentarité que les mots de la phrase entretiennent les uns avec les autres.**

DÉROULEMENT

1 Préalable

Complémentarité des groupes de mots

• Distribuer aux enfants une feuille sur laquelle des phrases sont écrites et dont les groupes de mots sont en désordre :

Ex. : *L'aviateur / des loopings / le public / pour épater / effectue / dangereux.*

son numéro / le clown / recommence / de son succès. / Content

Les élèves découpent les groupes de mots et reconstituent les phrases d'origine. Les inciter auparavant à se préparer à justifier leur choix.

• Mise en commun. Écrire la correction au tableau sous forme de schéma montrant ces rapports de complémentarité.

Principe de construction du schéma

• Inscrire autour de la structure sujet / verbe les autres mots de la phrase. Indiquer par une flèche quel mot donne un renseignement sur quel autre.

Lorsque les relations de complémentarité entre les mots deviennent ainsi lisibles, il devient aisé d'en déduire la fonction des mots.

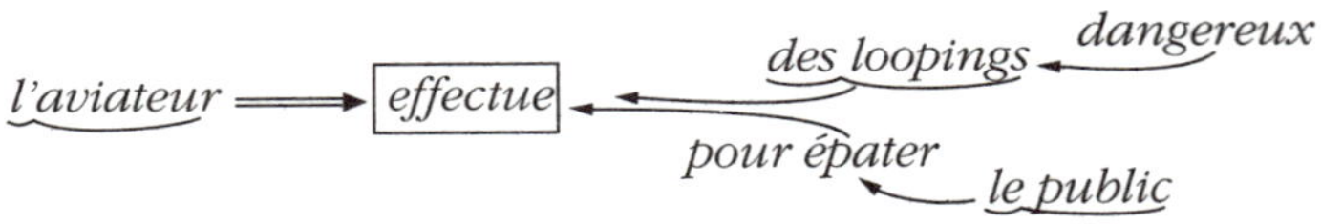

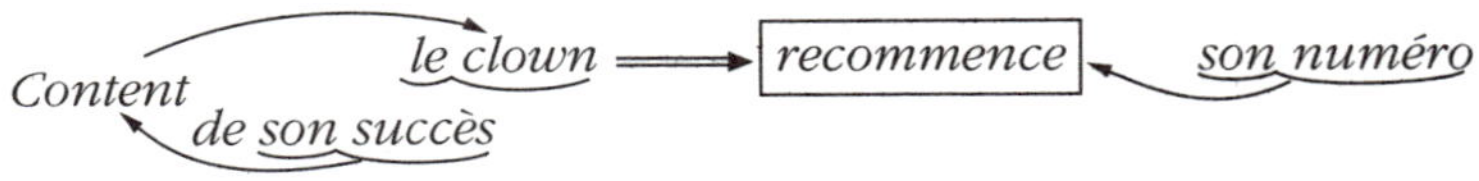

2 Progression : de la perception à l'évocation des liens logiques

1. Observer et reproduire le schéma, en évocation

• Inviter les élèves à « mettre ces schémas dans leur tête » car ils auront à les recopier de mémoire sur leur cahier. Leur demander d'observer l'emplacement particulier des mots autour de la phrase minimale.

• Montrer le tableau et le cacher plusieurs fois pour que chacun puisse évoquer, vérifier son évocation, écrire et corriger si besoin est.

Annoncer que ce type de schéma sera utilisé pour des phrases nouvelles.

pouvoir les rompre. Les erreurs d'analyse viennent du défaut d'évocation de ces liens logiques.
Le schéma de la phrase constitue un outil montrant le rapport entre la fonction des mots et le sens général de la phrase. Établi seulement à partir d'une réflexion sur ce que raconte la phrase, il oblige l'élève à en dégager la structure interne en s'appuyant sur sa signification. Il n'est pas encore question, ici, d'employer les termes de la grammaire.

Objectifs méthodologiques

- **Rendre apparents les rapports de complémentarité des mots d'une même phrase.**
- **Présenter ces liens dans une structure schématique dans laquelle on puisse se déplacer de façon globale ou linéaire. Guider progressivement les élèves vers leur évocation.**
- **Apprentissage du processus mental de l'analyse.**

COMMENTAIRES

1

Cette recherche rend évidente aux élèves le fait que les mots de la phrase se complètent les uns les autres. Pour remettre la phrase en ordre, il a fallu chercher quel mot donne un renseignement sur quel autre.

La représentation schématique donne à voir des relations que la linéarité de la phrase ne permet pas de repérer. En effet, la structure grammaticale de la phrase ne correspond pas toujours à son ordre linéaire. Le complément peut se trouver placé avant, après, ou encore très éloigné spatialement du mot qu'il complète.
Ici, nous proposons en perception aux enfants ce qu'ils devront par la suite réaliser en évocation.
La représentation schématique ne doit pas constituer une gêne pour les enfants dont la structure mentale est linéaire. Ils ont besoin d'un ordre de lecture du schéma et seraient très gênés si tous les compléments étaient mis « en vrac » autour de la structure sujet / verbe. Ils ne sauraient alors comment y entrer. Nous avons donc organisé nos schémas pour qu'ils soient lisibles de gauche à droite. En revanche, les élèves sont libres d'organiser leur schéma comme ils le veulent, du moment que les liens logiques sont respectés. Certains, plus globaux, préféreront des schémas où les compléments sont disposés « en étoile » autour de la structure sujet / verbe.

2

Cette progression s'étalera sur plusieurs séquences pour que la structure grammaticale de la phrase soit complètement intégrée avant d'y appliquer les termes spécifiques désignant les fonctions des mots.

1. Copie sans support de perception
Le travail d'évocation incite à prendre conscience de la précision nécessaire. Les enfants se posent alors des questions : « Pourquoi ce mot est-il là et pas ailleurs ? ». Ils évoquent la place et l'ordre des groupes de mots et pour soulager leur effort, y cherchent un sens.
Le point de départ de la flèche est important. Il doit indiquer avec précision quel mot dans le groupe donne un renseignement sur un autre mot de la phrase. Les flèches doivent partir du chef de groupe et non des petits mots qui peuvent se trouver devant. Montrer que le verbe est toujours encadré et que le sujet lui envoie une double flèche.

2. Inventer des phrases et construire le schéma correspondant

Proposer aux enfants une structure sujet / verbe. Chacun la complétera à partir de l'évocation qu'elle suscite.

• Énoncer oralement *« le chat attaque »* et l'écrire au tableau. Demander aux enfants ce que cela déclenche dans leur esprit quand ils pensent ces mots.

• Échanger avec les élèves sur ce qu'ils ont pensé : reprendre quelques propositions d'élèves et construire chaque fois le schéma correspondant.

• Inviter à étayer la phrase, à l'enrichir avec des détails.

Ex. :

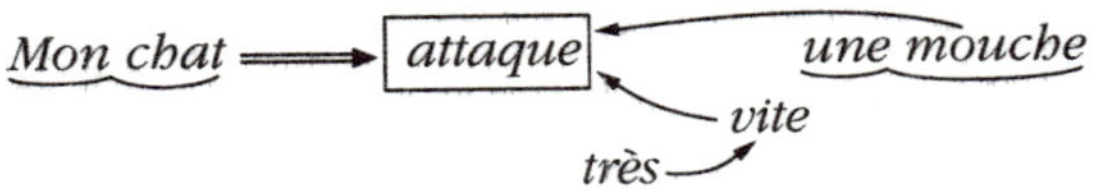

Chacun complète sur son cahier la structure donnée à partir des évocations spontanées qu'elle a suscitée.

• Entraîner la classe sur quelques structures sujet / verbe.

3. Construire en évocation les schémas des phrases

• Écrire une phrase complète au tableau :

« Je prends une glace dans le fond du réfrigérateur. »

Inscrire dans le schéma seulement la structure sujet / verbe :

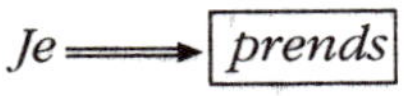

Les élèves observent en silence la phrase et cherchent mentalement comment compléter le schéma en s'appuyant sur la phrase.

• Mise en commun à l'oral, sans trace écrite. Chacun profite de l'échange pour vérifier si son idée est bonne.

Réalisation du schéma sur le cahier d'essai et correction.

4. Transposition d'une structure

• Inscrire au tableau quelques schémas des phrases travaillées auparavant. Effacer les mots et laisser intactes les structures des différents schémas. Laisser les flèches apparentes et inscrire un trait à la place de chaque groupe de mots. Chacun tente d'intégrer au « squelette » une autre phrase de sa composition.

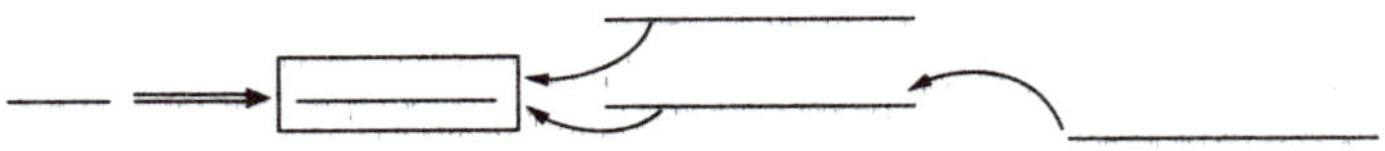

Ex. : On peut y associer la phrase *« Nous passons nos vacances dans le chalet de mon oncle »*.

5. Processus d'analyse

• Prononcer une phrase, en faire évoquer la signification.

• L'écrire au tableau. Demander de construire mentalement le schéma, de penser aux relations des mots de la phrase. Temps d'évocation.

• Souligner un groupe de mots ou un mot particulier ; les élèves devront écrire sur l'ardoise le mot qu'il complète.

Ex. : *« J'avais brisé la belle tasse de thé en porcelaine de* ***ma grand-mère*** *. »*

• Effacer la phrase. Écriture sur l'ardoise, mise en commun et correction.

Faire en sorte que le mot à analyser soit parfois éloigné du mot qu'il complète, de façon à rendre indispensable la prise en compte de la phrase dans sa globalité.

2. Évoquer une situation et la traduire en une phrase

Insister pour que les élèves s'appuient sur leur évocation pour compléter la structure de base, de façon à éviter que ceux qui sont trop occupés par la réponse à fournir ne proposent que des phrases stéréotypées.

La construction de la phrase vient dans le prolongement d'une situation pensée, ce qui incite à s'intéresser aux rapports de sens entre les mots.

« J'ai pensé à un chat noir qui attaque dans le grenier un oiseau.

- J'ai vu mon chat qui attaque une mouche...

- Je me suis dit que c'était une proie.

- Je n'ai pas eu le temps de le voir attaquer parce que c'était très vite. »

Ajouter petit à petit des compléments de leur invention permet aux élèves de les hiérarchiser, en se basant sur le message de la phrase. Les compléments s'inscrivent autour du schéma de base **par ordre d'importance** en fonction de ce qu'on veut exprimer. Le mot « très » vient en second par rapport à « vite » même s'il le précède dans le déroulement linéaire de la phrase. Ce principe de hiérarchisation est celui qui est sollicité en analyse grammaticale.

La construction du schéma peut se faire en évocation aussi bien pour ceux qui évoquent visuellement que ceux qui évoquent auditivement. Ces derniers peuvent verbaliser mentalement les relations qu'ils découvrent et s'appuyer sur la structure linéaire de la phrase que le schéma respecte.

Analyse d'une erreur

Une élève constate :

« J'ai accroché le mot "réfrigérateur" au verbe.

- Sais-tu pourquoi ?

- J'ai vu mes mains qui prennent dans le réfrigérateur une glace.

- Vérifie si ton image correspond vraiment à ce que dit la phrase.

- Oui, c'est pareil.

- Est-ce que, d'après la phrase, tu trouves tout de suite la glace ?

- Non, je fouille dans le fond... Ah, "réfrigérateur" se rapporte à "fond". »

Le mot « fond » n'avait pas été pris en compte dans l'évocation visuelle que cette élève s'était donnée. On insistera sur la nécessité d'évoquer concrètement la signification de la phrase, d'y intégrer tous les mots avant d'explorer leurs relations.

Si certains élèves ne trouvent pas d'exemple obéissant à la même structure, ils peuvent bénéficier des idées des camarades.

Évoquer la phrase proposée par un autre et « l'accrocher » mentalement à la structure étudiée leur permet d'associer des modèles différents. Ils élargissent un peu leur perspective d'utilisation.

Le mot souligné dont il faut analyser les relations n'est montré que dans un second temps. Cela incite les élèves à tenir compte des rapports d'ensemble avant de se focaliser sur un élément.

Le processus d'analyse grammaticale demande d'évoquer l'élément dans son rapport à la globalité.

FICHE D'ACTIVITÉ 21

LES DIFFÉRENTS MÉTIERS

Cette fiche fait suite à la précédente. Elle ne peut fonctionner qu'après une bonne intégration du schéma des phrases. Il est intéressant d'aborder ce concept d'une façon globale. Dans cette approche, les fonctions différentes des mots sont abordées à l'intérieur d'une même phrase. Passer en revue les différents « métiers » des mots permet d'en dégager le point commun et met en relief le concept même de fonction. Le rôle des compléments apparaît par contraste avec celui des mots introducteurs.
Pour désigner la fonction d'un mot, nous insistons ici sur une formulation incluant un verbe : « détermine, complète, introduit... ».
L'emploi habituel des substantifs pour

Objectifs pédagogiques

- **Comparer les différentes fonctions des mots à l'intérieur de la phrase.**
- **Répertorier les fonctions de base.**
- **Identifier la fonction d'un mot.**

DÉROULEMENT

1 Première séquence : présentation

• **Travailler le schéma d'une phrase** comportant au moins une préposition, des déterminants et une conjonction de coordination.
Ex. : *Aujourd'hui, Paul ira chez son ami et à la piscine.*

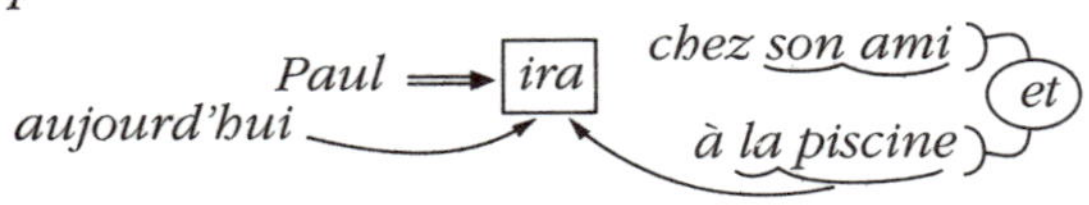

• **Mettre en évidence les différents rôles**
On observera :
- **les mots qui complètent :** ils envoient une flèche vers un autre mot (nom, verbe...). Ils donnent un renseignement sur ce mot ;
- **le mot qui relie :** placé entre deux groupes qui font le même métier, il les accroche ensemble ;
- **les mots qui déterminent :** ils n'envoient pas de flèches. Placés juste devant les noms, ils annoncent le masculin ou féminin et le singulier ou le pluriel. On dit qu'ils déterminent parce que si on les change, les mots qui suivent changent aussi ;
- **les mots qui introduisent :** placés au début d'un groupe de mots, ils n'envoient pas de flèche. Ils précèdent ce groupe de mots.

• Écrire les définitions sur une partie du tableau en face du schéma. Amener les élèves à évoquer les relations entre les définitions données et l'exemple.
Cacher le schéma et demander de chercher dans son souvenir quels mots de la phrase correspondent à chaque définition.
Cacher ensuite les définitions et demander de retrouver le « métier » de chaque mot de la phrase.

• Inscrire ensuite la liste des différents métiers possibles avec leur symbole :
Compléter
Relier
Déterminer
Introduire

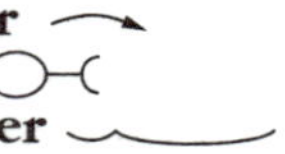

Cacher alternativement les symboles et les métiers en faisant évoquer ce qui est caché.

• **Annoncer le principe de l'analyse :** il faudra dans une phrase, dire quel est le métier du mot encadré ; pour cela, explorer les quatre possibilités et choisir celle qui convient.
Faire récapituler mentalement les quatre possibilités dans cette perspective.

2 Séquences suivantes : identifier une fonction

• Écrire une phrase au tableau de façon linéaire. Inviter les élèves à constituer le schéma en pensée.
• **Encadrer ensuite le mot ou le groupe de mots dont on doit trouver la fonction.** Les enfants doivent dire s'il complète, s'il relie, introduit ou détermine un autre mot de la phrase et lequel.
Ex. : *Les enfants pataugeaient dans la mare, contents d'être en vacances.*
« Contents » complète *« les enfants »*.

• Lorsque le principe est compris, énoncer une nouvelle phrase oralement.
Ex. : *Grand-Père se repose dans le jardin.*
Inviter les enfants à en évoquer le sens concret. Écrire au tableau seulement le mot dont il faudra dire le rôle. Ex. : *« dans »* (ce mot introduit le groupe *« le jardin »*.).
Poursuivre ce travail sur d'autres séquences. Proposer au début seulement des phrases simples avec une seule proposition.

désigner la fonction est source de confusion avec la nature. La fonction est un rôle, un métier. La désigner en terme d'action est plus approprié qu'en terme d'état. Il vaut mieux habituer l'enfant à dire « complète le mot... » plutôt que « complément du mot... »
Cette confusion entre nature et fonction est à l'origine d'une erreur récurrente. Souvent, dans une analyse, les enfants écrivent « complément circonstanciel » et s'arrêtent là. On a beau leur rappeler la nécessité de préciser « de quel mot », ils l'oublient parce que le terme de complément est devenu une étiquette désignant le mot au lieu d'une explication sur son insertion dans la phrase.

Objectifs méthodologiques

- **Apprendre le processus mental de l'analyse.**
- **Penser le mot à analyser en relation avec les autres mots de la phrase.**
- **Sollicitation du P3.**

COMMENTAIRES

1

Évocation des relations entre l'exemple donné et les définitions

Il faudra montrer et cacher plusieurs fois le schéma pour que les enfants puissent situer quels sont les mots concernés par chaque définition.
Ensuite, on leur demandera de récapituler en pensée les exemples de mots associés à chacune des définitions.
L'évocation est guidée vers le P3 puisqu'il s'agit d'associer en pensée le support de perception proposé à l'information manquante.

Récapitulation mentale des quatre fonctions

Annonce de l'objectif et mise en projet de déterminer la fonction d'un mot

Travail évocatif

2

Le mot à analyser est spécifié seulement après l'étude, en évocation, de la structure de la phrase. Par la suite, on ne demande plus aux élèves de constituer en pensée le schéma. Cependant, la phrase sur laquelle ils travaillent doit être évoquée dans son intégralité avant d'indiquer le mot à analyser. Toujours pour prendre l'habitude de tenir compte du contexte du mot qu'on analyse.
Faire analyser ce que relie la conjonction de coordination ***et*** dans différentes phrases. Cette conjonction peut relier des mots mais aussi des groupes qu'il faut identifier. C'est possible en s'appuyant sur le paramètre 1, en évoquant la signification concrète de la phrase.
Proposer des phrases présentant des mots identiques mais des structures différentes affine le travail de discrimination et amène les enfants à se raccrocher au sens de la phrase.
Paul et son ami cherchent une idée de jeu.
Paul cherche et appelle son ami.

FICHE D'ACTIVITÉ 22

UTILITÉ DES COMPLÉMENTS

On exploitera la notion de complément dans ce qu'elle a de plus vivant, de plus incarné : la communication.
Si l'enfant manie les compléments, les intègre volontairement dans son expression, il pourra les reconnaître dans un texte, y appliquer sans confusion les termes de la grammaire parce qu'à la

Objectifs pédagogiques

- **Montrer la précision qu'apportent les compléments circonstanciels du verbe.**
- **Établir un rapprochement entre l'enrichissement d'une phrase et l'efficacité de la communication.**
- **Faciliter par ce biais l'approche grammaticale.**

DÉROULEMENT

1 Première séquence : enrichissement d'une structure de base

• Choisir un événement dont les enfants ont tous été témoins.
Inscrire au tableau la structure minimale de la phrase qui raconte cet événement.

Le maître nageur ⟹ *a fait* ← *une farce.*

• Demander aux enfants de se représenter l'événement dont parle cette courte phrase. Il faudra enrichir la phrase en donnant des précisions.
Temps de recherche et mise en commun.
• Laisser parler les enfants tour à tour sans commenter leurs réponses.
Compléter le schéma du tableau :

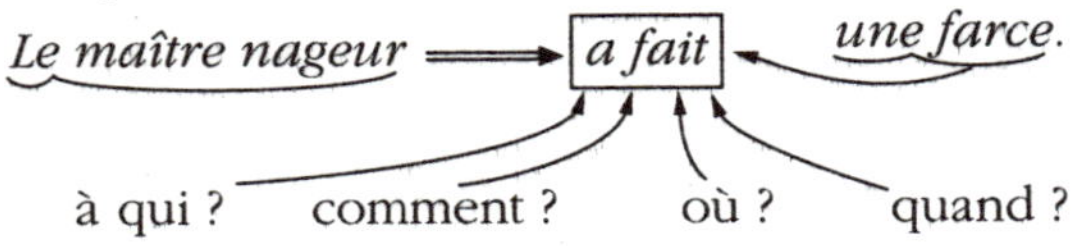

• Inviter les enfants à comparer ce qu'ils ont ajouté avec les questions du tableau. S'ils n'ont pas eu l'idée spontanément de chercher dans toutes les directions proposées au tableau, leur demander de construire une phrase la plus complète possible. Ils l'écriront tout à l'heure sur le cahier mais le schéma sera caché.

• Temps de recherche. Écriture de la phrase sur le cahier, tableau fermé.
Vérification avec le cahier fermé et le tableau ouvert.
Échange à propos des erreurs ou des oublis éventuels.

Conclusion : les mots ou groupes de mots qui répondent aux questions du tableau donnent des renseignements sur l'action. Ce sont des compléments du verbe.

2 Deuxième séquence : travail d'expression orale

Chacun cherche dans ses souvenirs de vacances une action précise et inhabituelle, vécue par soi-même ou par quelqu'un de son entourage.
• L'exprimer aux autres en une seule phrase.
• Temps de réflexion, chacun prépare sa phrase.

• Écrire au tableau le schéma :

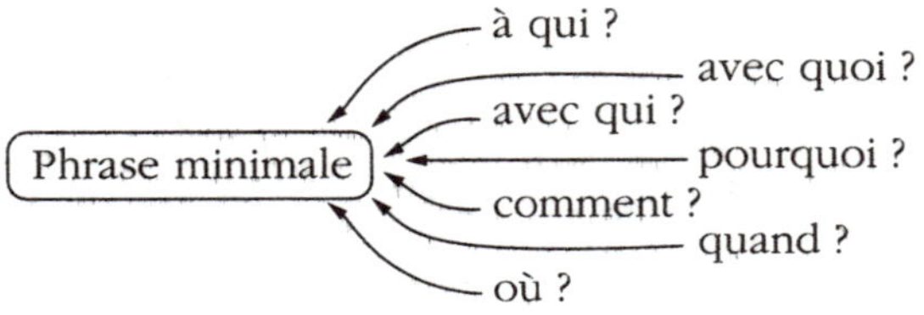

base, cet apprentissage aura été porteur de sens.
Cette mise en situation répond particulièrement aux besoins des enfants qui ont une compréhension d'application ou très ancrés dans le paramètre 1, que la facette concrète d'un apprentissage attire.

Objectifs méthodologiques

- **Enraciner l'étude des compléments circonstanciels dans le paramètre 1.**
- **Montrer les évocations erronées suscitées implicitement par l'emploi d'une phrase imprécise et pauvre.**
- **Orienter le projet vers la perspective d'une exploitation en expression écrite et orale : préciser sa pensée pour mieux la communiquer aux autres.**

Pour être efficace, cette projection dans l'avenir ne peut être théorique. L'élève ne pourra effectuer l'anticipation nécessaire qu'à la condition d'avoir vécu des situations d'application concrètes et significatives.

COMMENTAIRES

Sollicitation du P1 — 1

La comparaison entre l'événement réel et la phrase qui l'exprime met en relief la pauvreté et l'imprécision de cette structure minimale et incite à l'enrichir.

Laisser d'abord les élèves compléter spontanément la phrase met en relief le fait que l'on ne pense pas à donner toutes les précisions nécessaires. La plupart des élèves auront à s'appuyer sur le schéma pour compléter leur phrase.

Évocation de la consigne symbolisée par le schéma. Il s'agit de préparer mentalement sa phrase et d'associer à chaque question le renseignement qui y répond.

Correction en évocation

Ce jeu entre le tableau et le cahier empêche l'enfant de rester passif devant deux perceptions différentes. Lui en ôter une pendant qu'il profite de l'autre l'oblige à solliciter ses évoqués ; la comparaison devient vraiment active parce qu'elle se fait en évocation.

2

Travail évocatif avant de donner sa phrase pour éviter une production impulsive et improvisée.
Faire raconter aux élèves une expérience vécue présente un intérêt particulier. Souvent l'émotivité s'en mêle et oblitère le message essentiel ; on raconte trop ou pas assez, et souvent dans le désordre. La situation présente un enjeu puisqu'il faut se faire comprendre, le temps d'évocation est alors nécessaire pour une mise à distance de l'émotion précipitante ou paralysante.
L'expression en une seule phrase oblige à se centrer sur le plus important.

• Un enfant propose sa phrase. Lorsqu'il omet un complément qui serait nécessaire à la clarté de son propos, pointer au tableau la question sans réponse et proposer un complément « absurde » pour obliger l'enfant à préciser son expression.
Ex. : *« J'ai fait de l'escalade /*
- sur le sommet des vagues ? avec un éléphant ? à 4 heures du matin ? »
Faire reformuler à l'enfant sa phrase complète. Lui laisser le temps d'y réfléchir avant de l'exprimer oralement.
Pour lui faire prendre conscience du défaut de compléments et des erreurs d'interprétation que cela peut entraîner, on peut aussi pointer au tableau les questions sans réponses et demander aux camarades de se représenter les renseignements manquants.
Chacun les évoque et propose sa version. L'élève réalise alors le décalage avec ce qu'il avait voulu dire. Il précise le souvenir qu'il avait en tête.

Synthèse : temps de récapitulation de la séquence
Il s'agit de formuler ce qu'on en a retenu et qui pourrait servir dans d'autres circonstances, à savoir l'utilité des compléments pour mieux se faire comprendre à l'oral ou à l'écrit.

3 Troisième séquence : travail d'expression écrite

Le thème est celui d'un événement inhabituel qu'on aimerait vivre. Il s'agit de le décrire en étant très précis, avec beaucoup de détails, et pour cela utiliser les compléments. Il faudra s'imaginer vivre cet événement, le vivre en pensée.
Ceux qui manquent d'idées peuvent s'inspirer des souvenirs racontés précédemment par les camarades, qui ont déclenché des envies.
Le schéma avec toutes les questions à se poser est affiché, chacun s'appuie dessus pour chercher des idées et réfléchit à ce qu'il va écrire. Lorsqu'on commence à rédiger, le schéma est caché. Après un moment, inviter les enfants à vérifier s'ils ont pensé à utiliser tous les compléments proposés.

4 Évaluation

Elle peut se faire après plusieurs jours d'intervalle.
• Lire à la classe un texte composé par un camarade. Tous les élèves essaient de « vivre » le désir exprimé par l'auteur, en écoutant le texte. Ils diront ce qui, dedans, les a aidés à se représenter des détails. Si le texte manque d'informations précises, ils pourront raconter les évocations personnelles qu'ils y ont ajoutées. L'auteur pourra s'en inspirer pour améliorer la qualité de sa rédaction. On pourra étaler ces lectures sur deux semaines pour ne pas lasser les élèves.

Cette « provocation » doit rester gentille. Il est hors de question de donner à l'enfant l'impression qu'on se moque de lui.
Mise en évidence des évocations qu'on suscite chez les autres sans le vouloir.
Il peut être difficile de parvenir à placer tous les compléments dans la même phrase. Les phrases finissent par s'alourdir et l'exercice devient artificiel. Les élèves peuvent distribuer les renseignements apportés par les compléments dans des phrases différentes. L'important est qu'ils aient compris la nécessité de gagner en précision.
Ex. : un élève raconte : *« J'ai appris à faire de la planche à voile sur un lac, pendant une semaine. »*
Les camarades ont essayé de se représenter comment c'était.
« Je l'ai vu faire de la planche et il y avait beaucoup de vent.
- Je me suis dit que c'était son père qui lui apprenait.
- J'étais à sa place, et c'était fatigant.
- Pourquoi ?
- Parce que c'était long d'en faire toute la journée. »
Après un moment de réflexion et avec l'aide de la classe, l'élève rectifie sa phrase :
« Tous les matins, pendant une semaine, j'ai pris des cours de planche, sur un lac, avec un moniteur. »

Préparation du récit 3

Temps de réflexion sans écrire, avec l'aide du schéma.
La rédaction se fera sans support : incitation à évoquer la consigne symbolisée par le schéma.

4

L'ARCHITECTURE

Un entraînement régulier s'impose dans la construction des phrases. Les élèves, peu guidés dans ce genre d'exercice, emploient toujours les mêmes structures, souvent bancales, et ne savent comment progresser. On espère que la lecture leur donnera le sens des phrases correctes. Espoir vain si le projet de l'élève se borne à la compréhension de l'histoire lue. Si les enfants comprennent des phrases avec des

Objectifs pédagogiques

- **Doter l'élève d'un support concret pour le guider dans l'analyse syntaxique et dans la construction de ses propres phrases.**
- **L'entraîner par des exercices progressifs à construire des phrases complexes et à en varier la structure.**

1 Description de l'outil à manipuler

L'étoile est l'outil exploité au cours de ces séquences.
Le verbe, inscrit au centre, **en symbolise le noyau**, à partir duquel tous les autres mots se placent. Le sujet, à sa gauche, et le complément d'objet, juste à sa droite, permettent une lecture linéaire de la phrase minimale.
Les compléments circonstanciels du verbe prennent place à chaque branche de l'étoile. Ils rayonnent et sont l'expansion de la structure sujet / verbe / CO. Ils peuvent apparaître et disparaître selon les phrases, c'est pourquoi les branches de l'étoile sont repliables. Elles peuvent être ramenées en arrière lorsque les compléments correspondants ne sont pas utilisés dans la construction d'une phrase. Coloriées en orange, elles se distinguent de la structure minimale, en rouge, qui, elle, reste fixe (excepté la zone du CO). Les seuls termes de la grammaire utilisés sont le sujet et le verbe, les compléments sont désignés par les questions qui leur correspondent. Les flèches indiquent de quelle manière identifier les compléments. On doit prononcer le verbe et poser, dans son prolongement, la question inscrite sur la branche de l'étoile.
Même si le CO n'existe pas dans toutes les phrases, nous le plaçons dans la structure centrale pour montrer qu'il appartient à la phrase minimale et marquer le fait que son statut n'est pas le même que celui des compléments circonstanciels. La zone du CO sera découpée sur son bord extérieur de façon à pouvoir la replier vers l'arrière lorsque la phrase ne comprend pas de CO. La distinction entre les deux formes de CO, directs et indirects, sera abordée ultérieurement, lors de l'accord du participe passé des verbes pronominaux. En effet, c'est dans le contexte de cette règle d'accord que cette distinction se révèle utile.

2 Exploitation

Cette étoile servira tout au long de l'année de support pour construire ou vérifier la construction de phrases cohérentes. Chaque élève dispose de son étoile, ainsi que le groupe classe pour lequel on en fabriquera une grande.
Cet outil sert à traduire la structure des grands groupes fonctionnels de la phrase.
On peut déplacer son doigt à travers les différentes branches de l'étoile pour associer les groupes fonctionnels à la phrase prononcée et identifier la structure de la phrase au fur et à mesure de son déroulement linéaire.
On peut ensuite replier les branches de l'étoile non exploitées ou la zone du CO, de façon à rendre manifeste cette structure.
Ce travail de manipulation constitue une aide à l'évocation des liens logiques. Les enfants seront guidés progressivement vers l'évocation des structures qu'ils auront appris à traduire par cet outil.

« que », des « dont », ils ne savent pas les employer eux-mêmes à bon escient.
Il est nécessaire d'expliciter les bases de construction des phrases, et d'orienter délibérément l'attention des élèves vers leur architecture. On leur proposera une « synthèse grammaticale » dans laquelle ils apprendront à se déplacer mentalement pour construire des phrases solides et de structure variée.

Objectifs méthodologiques

- **Éviter le piège d'une approche de la grammaire trop souvent réduite au P2.**
- **Solliciter les paramètres 1 et 3 : identification de la structure de la phrase par un appui sur sa signification concrète.**
- **Aide d'un outil à manipuler permettant de rendre apparente la structure fonctionnelle de la phrase et servant de support à son évocation :**
  - **montrer ainsi que les liens de structure n'obéissent pas toujours au déroulement linéaire de la phrase,**
  - **rendre perceptible l'inclusion d'un groupe fonctionnel à l'intérieur d'un autre.**
- **Inscrire l'analyse dans le but d'améliorer la construction de ses propres phrases.**

1

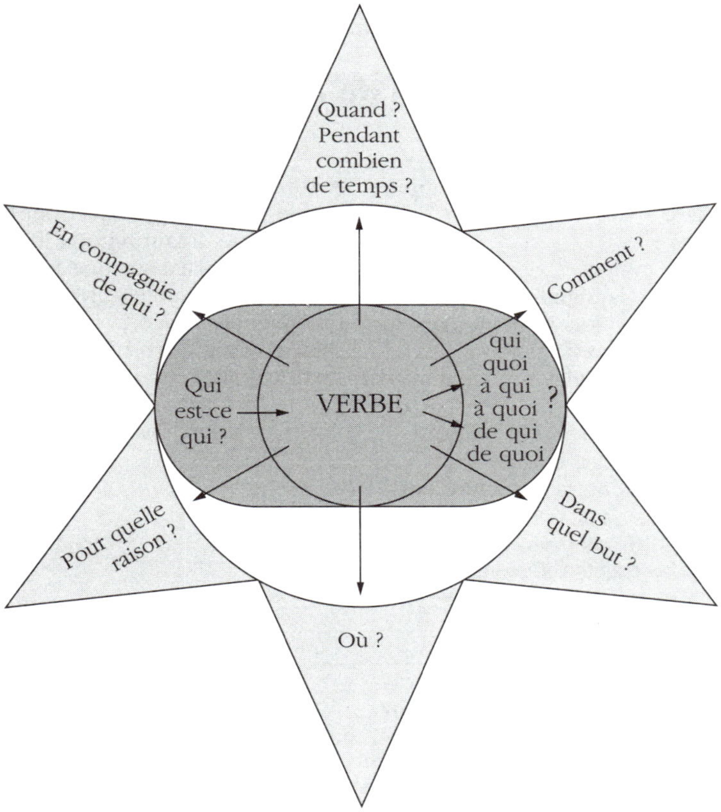

DÉROULEMENT

1 Première séquence : prise de contact avec l'outil

Observation

• Proposer aux enfants de raconter quelque chose à propos de leur dernier week-end et qui pourrait intéresser la classe.
Montrer l'étoile grand format, reformuler chaque phrase proposée par un élève et désigner au fur et à mesure les branches de l'étoile concernées. Le tracé du doigt suit le déroulement linéaire de la phrase prononcée. Ne rien expliquer au départ, laisser les élèves observer.

• Proposer aux enfants de ré-évoquer le trajet montré et prononcer à nouveau la phrase.

• Renouveler l'expérience avec d'autres phrases ; inviter auparavant les élèves à chercher pourquoi le doigt se promène de cette façon sur l'étoile.

Par la suite, **inciter à anticiper le trajet que la main fera** : prononcer tout haut la phrase, chacun s'imagine le trajet de la main, tracer ensuite le chemin de la phrase.
Enfin, laisser les enfants s'exprimer sur ce qu'ils ont compris.
« Le doigt nous montre sur l'étoile comment la phrase est fabriquée… »

Reproduction de l'étoile

Chaque élève s'essaie à reproduire de mémoire l'étoile sur un papier.
La décrire auparavant, raconter comment s'y prendre pour la dessiner. Laisser un temps d'observation.

Lorsque l'élève est parvenu à la recopier sur un brouillon, il peut la reproduire sur un papier cartonné de couleur et la découper.

2 Séquences suivantes : utilisation de l'outil

Alternance d'analyse et de construction de phrases

Cet outil peut être utilisé quotidiennement, pour de très courts exercices.

« Analyse » de phrases :

• Écrire une phrase au tableau : demander aux élèves de s'en représenter la signification, d'évoquer le sens de chacun des mots pour pouvoir la garder en tête lorsqu'elle sera effacée.
Une fois qu'elle est effacée, les élèves tracent avec leur doigt le circuit de la phrase à l'intérieur de l'étoile puis, replient les branches non utilisées.
Correction, puis échange sur les erreurs.

• Proposer des phrases dont la structure syntaxique est la même, mais dont l'ordre des compléments diffère, ce qui associe les mêmes branches de l'étoile à des trajets différents.

• Travailler des phrases successives qui présentent le même trajet mais dont la taille des compléments varie. Il faut repérer jusqu'à quel moment le doigt reste placé sur une branche précise.

• Veiller à ce que les groupes compléments soient d'ampleurs variées, à l'intérieur d'une même phrase. Un groupe nominal peut être particulièrement expansé, et un autre très réduit.
Ex. : *« La nouvelle équipe de cosmonautes américains embarque maintenant dans la fusée. »*

• Travailler à chaque séquence deux ou trois phrases. **Faire ré-évoquer systématiquement ce qui a été découvert par les élèves au cours de la séquence.** Les élèves apprendront progressivement à faire exister mentalement l'étoile, à la manipuler en pensée, ils sauront par la suite s'appuyer sur des structures évoquées.

1

Pause évocative : récapitulation mentale de la démonstration

Le geste de compréhension est ici sollicité : il s'agit d'associer deux évoqués : celui du trajet effectué par la main et celui de la phrase prononcée. On incite l'élève à évoquer d'abord avant de faire des suppositions, ce qui limite le risque des réponses données « au hasard ».

Travail évocatif d'anticipation du trajet de la main

Cette démonstration vise seulement à donner un sens à l'outil que les élèves vont reproduire. D'autres exercices permettront de les habituer à « analyser » des phrases de cette manière.

Le trajet de la main ne devra pas être confondu avec les flèches de l'étoile. les flèches indiquent comment trouver la branche sur laquelle le doigt se pose.
La flèche indique ce qu'on doit penser pour identifier les compléments, tandis que le trajet du doigt reflète le déroulement linéaire de la phrase.

Copie en évocation

Décrire le but à atteindre et l'ordre des opérations pour y parvenir.
Il est nécessaire de **donner une existence mentale à cet outil** pour que les élèves puisse le manipuler efficacement et ne pas rester englués dans sa perception lorsqu'ils travaillent avec. **Cette reproduction de mémoire permet** à chacun **de s'approprier l'outil**, de repérer les questions incluses dans chaque branche. Veiller à laisser les enfants libres de multiplier les allers-retours pour cette copie en évocation.

2

Phrase donnée à évoquer

Il s'agit de freiner l'impulsion de manipuler l'étoile à tout hasard. La mise à jour de la structure doit être le résultat d'une recherche, d'un travail intentionnel.

Mise en évidence des structures linéaires et spatiales

Le circuit de la main suit le déroulement linéaire de la phrase, le pliage des branches non exploitées met en évidence sa structure grammaticale dans l'espace. Les enfants vont découvrir que la structure de la phrase est indépendante de l'ordre d'apparition des groupes de mots. Ainsi, le sujet n'est pas toujours placé en début de phrase. Les enfants découvrent qu'ils peuvent se déplacer mentalement dans la phrase, et associer au verbe des compléments qui en sont éloignés (du point de vue du déroulement linéaire).

L'étoile offre un cadre spatial pour distribuer, autour du verbe, les renseignements donnés par les compléments de la phrase.

Pause de récapitulation à l'issue de chaque séquence

Construction de phrases dont la structure est précisée

• Montrer la grande étoile du tableau. En replier certaines branches pour faire apparaître seulement certains compléments. Les élèves mémorisent la structure proposée.
Cacher l'étoile. Ils construisent chacun une phrase correspondant à la structure indiquée.

Analyser dans le but de construire

• Écrire une phrase au tableau. Le but de l'exercice est d'en construire une nouvelle de structure similaire. Les enfants effectuent leur analyse, avec ou sans l'aide de l'étoile, dans la perspective de construire leur phrase.
Lancer le dialogue sur la manière dont le projet de construire a permis de guider l'analyse. L'étoile a-t-elle été utilisée concrètement, en évocation ou pas du tout ? Quels moyens l'élève a-t-il mis en œuvre ?

Élaboration de phrases complètes

Chacun pense à un petit événement à raconter. Il compose sa phrase en veillant à prendre en compte le plus grand nombre possible de branches de l'étoile. Les compléments sont incorporés à la phrase minimale dans l'ordre qui convient à l'élève mais il lui faut vérifier qu'ils y figurent.

3 Insérer dans les exercices des difficultés progressives

S'appuyer sur des critères de fond

• Associer dans une même phrase des renseignements sur le but et les raisons de l'action, pour que les élèves puissent mieux les différencier.
Ex. : « *Au siècle dernier, à cause d'une famine, des marins irlandais sont partis vers l'Amérique pour s'y installer.* »
• Travailler des ordres linéaires moins convenus : par exemple, le COD pronom, placé entre le sujet et le verbe.
Ex. : « *Je t'ai appelé pendant la récréation.* »
• Placer de faux indices dans les phrases à analyser incite les élèves à s'appuyer sur le sens de la phrase pour identifier les compléments, plutôt que sur des indices purement formels.
Ex. : « *Je pars à la montagne* ***dans*** *trois jours.*
Il a accepté cette mission dangereuse ***avec*** *courage.*
J'écris souvent ***à*** *la craie.*
Tu écris ***de*** *la main gauche.* »
Ou bien, proposer des phrases très proches mais dont les compléments diffèrent :
« *Demain, je recevrai mes amis* ***pour fêter*** *mon anniversaire...* ***au moment de*** *mon anniversaire...* ***parce que*** *c'est mon anniversaire.* »

Insérer des attributs du sujet

• Convenir avec les enfants de leur réserver une place dans l'espace du sujet pour marquer le fait que l'attribut précise l'évocation qu'on se donne du sujet. Il en fait partie intégrante. Le tracé rend manifeste un geste de retour vers le sujet après un passage par le verbe, et correspond bien au sens de la phrase.

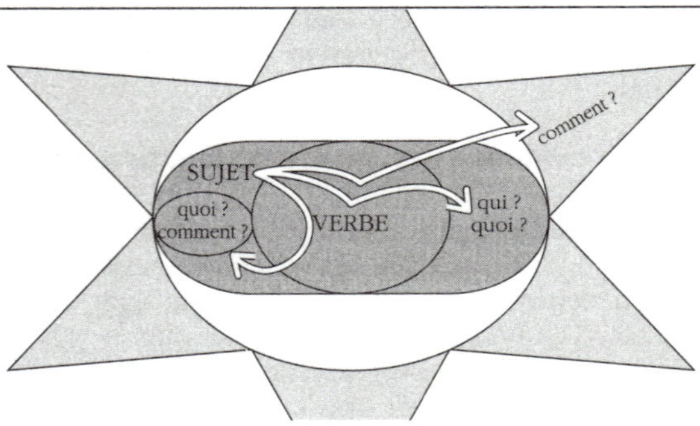

4 Introduire les termes de la grammaire

Lorsque les élèves ont appris à « analyser » de cette manière les phrases, en s'appuyant sur leur sens, et à en construire de structure variée, on pourra reproduire une autre étoile mais on y remplacera les questions désignant les compléments par leur nom : COI, COD, CC de lieu, de temps, de manière, d'accompagnement, de cause, de but...

Les exercices d'analyse prennent du sens s'ils sont présentés dans la perspective de s'inspirer d'un modèle pour bâtir soi-même une phrase. L'analyse devient alors un passage obligé : traduire la structure par le pliage des branches de l'étoile et repérer le trajet de la phrase permet de se détacher du modèle pour une élaboration personnelle.

La mise en projet de construire une phrase de même structure guide la phase d'analyse.

De la perception à l'évocation et du P1 au P3 :
Les élèves parviennent progressivement à effectuer l'analyse sans l'étoile. Ils peuvent s'appuyer sur l'évocation de leur manipulation et ensuite ne même plus y faire référence si le repérage de la structure s'est inscrit comme un automatisme. Chacun lâche la référence à l'outil concret au moment où il s'estime prêt à le faire.

3

Solliciter l'évocation en P1 pour déjouer les pièges formels
Pour repérer les compléments, les élèves ont tendance à s'appuyer sur des indices formels qui les dispensent d'évoquer le sens de la phrase et qui les induisent souvent en erreur. Ainsi, ***dans*** risque d'être associé systématiquement à un renseignement sur le lieu, ***avec*** à un complément d'accompagnement. Proposer des phrases qui insèrent ces prépositions dans d'autres branches de l'étoile amène les élèves vers les évocations en P1, indispensables à l'identification du sens des compléments.

C'est la raison pour laquelle les questions inscrites dans les branches ne comprennent pas ces prépositions qui risquent d'induire en erreur. À la question « avec qui ? », nous préférons « en compagnie de qui ? ».

L'attribut du sujet
La distinction attribut de sujet / COD / CC de manière, n'est pas facile à établir. En effet, l'attribut répond à la question « quoi ? », posée après le verbe (d'où confusion avec le COD) ou « comment ? » (d'où confusion avec le CC de manière).
L'évocation visuelle, dans le cas de la confusion avec le COD, peut aider :
- le sujet et son attribut correspondent au même objet mental, ces deux mots sont traduits en évocation par le même élément de l'image (cas de l'évocation visuelle première) ou par la même image (évocation visuelle seconde).
Ex. : *Antoine est délégué.*
Je peux voir Antoine avec son titre de délégué ou revenir sur l'image d'Antoine lorsque je lis le mot *« délégué »* ;
- le sujet et son COD correspondent à deux endroits différents de l'image ou à deux images différentes.
Ex. : *Antoine mange une pomme.* Je peux visualiser Antoine d'un côté, la pomme de l'autre ou faire apparaître la pomme dans l'image suivante.

4

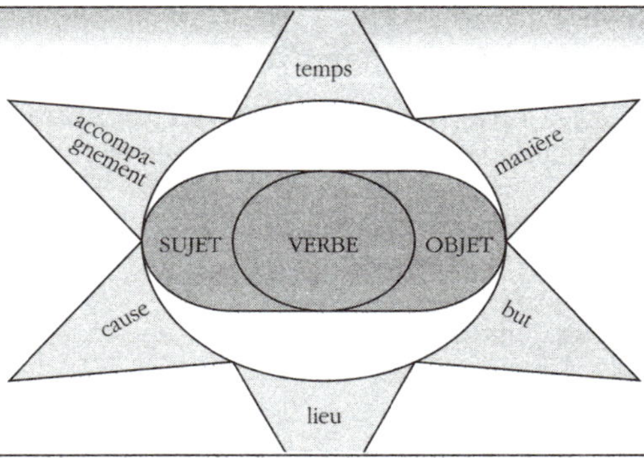

LES PROPOSITIONS

Les propositions relatives insérées dans les principales en interrompent le déroulement et posent des problèmes particuliers en dictée, pour l'accord du sujet et du verbe de la principale. Cette structure particulière de phrase complexe sus-

Objectifs pédagogiques

- **Saisir la proposition principale dans sa continuité, même si elle est coupée par une proposition relative.**
- **Mieux gérer les accords entre le sujet et le verbe de la principale.**
- **Mieux comprendre des énoncés comprenant des phrases complexes.**

DÉROULEMENT

1 Première séquence : associer la structure de la phrase à un schéma

1. Exposition du principe

• Dessiner au tableau le schéma ci-dessous.

• Énoncer oralement : « *Le chat qui miaule a une tache blanche sur l'œil.* »
Inviter les élèves à s'en représenter le sens, puis écrire la phrase.
• Proposer ensuite de chercher à quel endroit du schéma placer les mots de la phrase. On obtient la disposition suivante :

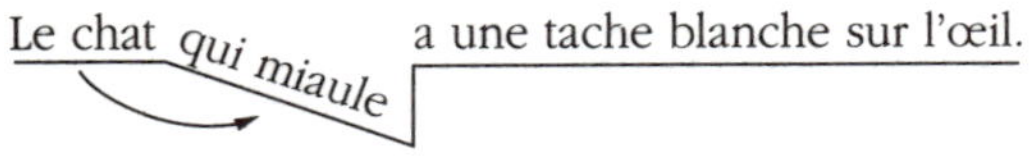

• Procéder de la même manière avec des propositions relatives introduites par **que**, et **dont**. : la proposition principale reste identique.
« *Le chat que j'ai apprivoisé*
a une tache blanche sur l'œil.
dont je t'ai parlé... »
Changer de proposition principale pour la relative introduite par **où** car elle renseigne sur un lieu ou une époque.
L'endroit où il s'est réfugié est inaccessible.

• Montrer que la proposition principale est coupée en deux morceaux. Le schéma aide à la lire dans sa continuité. Ces schémas serviront de support pour la compréhension de phrases complexes, lorsque la proposition relative interrompt le déroulement de la principale. Ils seront exploités dans les exercices qui suivront. Ils apprendront à déjouer des pièges en orthographe et dans la compréhension d'énoncés.
• Inscrire sous le **qui** une flèche de gauche à droite, pour montrer que la proposition relative prolonge l'idée qui débute dans la principale. L'action suit le sens linéaire de la phrase. On peut lire « *le chat miaule* ».
• Inscrire sous le **que**, une flèche en sens inverse pour montrer que l'on peut revenir en pensée sur l'objet indiqué avant la relative. La flèche sous le **que** indique que je peux dire « *j'ai apprivoisé le chat* ».
Ce retournement vers l'antécédent existe aussi dans les propositions introduites par **dont** et **où**. Le renversement indiqué par la flèche permet de lire dans l'autre sens à condition de rajouter des prépositions : « *Je t'ai parlé* ***de*** *ce chat.* » et « *Il s'est réfugié* ***à*** *cet endroit.* »

2. Temps d'observation et d'évocation

• Effacer les phrases du tableau. Conserver les lignes et les flèches indiquant le sens de lecture de l'action.
• Inviter les enfants à observer leurs différences, à retrouver les pronoms relatifs qui leur correspondent.
• Redonner oralement la phrase associée à chaque schéma. Suivre du doigt le long de la ligne le déroulement linéaire de la phrase.
• **Faire observer le tableau dans le but de recopier de mémoire** les différents schémas sur le cahier.

cite aussi des confusions en lecture d'énoncés. Les élèves, emportés par le déroulement linéaire de la phrase, associent la fin de la relative avec le verbe de la principale. Ils pourront apprendre à déjouer cette difficulté.

Objectifs méthodologiques

- **Guider l'évocation vers la structure particulière de ces phrases complexes en s'appuyant sur leur sens. Sollicitation des paramètres 3 et 1.**
- **S'entraîner à regrouper mentalement les deux moitiés de la proposition principale et éviter d'être pris par le déroulement linéaire de la phrase.**
- **Orienter la mise en projet vers le repérage des pièges à éviter.**

COMMENTAIRES

1

La représentation schématique constitue une traduction de la structure grammaticale de la phrase. L'évocation en paramètre 3 est ici guidée vers un objet de perception. Elle en devient concrète, tangible et donc abordable. Le schéma rend compte de l'interruption de la proposition principale et attire l'attention des enfants là dessus.

Qui :

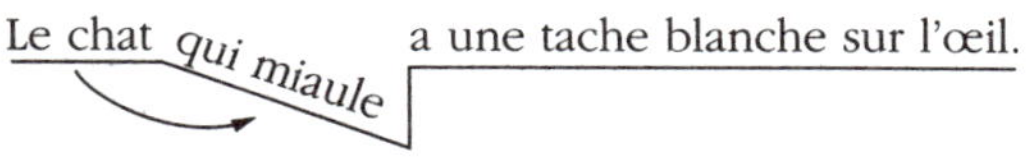

Que :

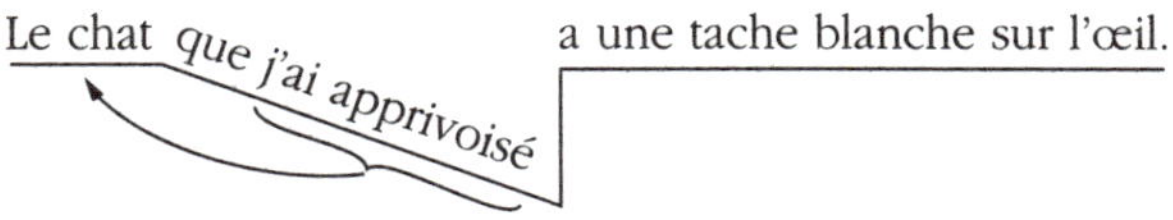

Dont :

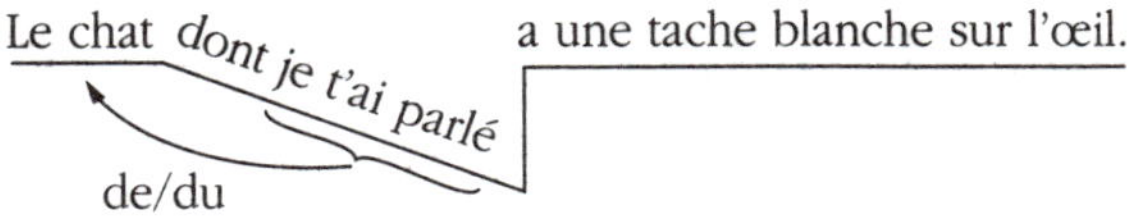

Où :

Copie en évocation

Les élèves sauront d'autant mieux exploiter ces schémas qu'ils leur auront donné une existence mentale. Même s'ils leur sont donnés par la suite en perception. Les erreurs dans la manipulation d'un objet de perception trouvent souvent leur origine dans une absence d'évocation de cet objet.

2 Deuxième séquence : application à l'orthographe

1. Reprise de la séquence précédente

• Écrire au tableau des phrases nouvelles obéissant aux structures étudiées. Réserver un espace au tableau avec la grille des différents schémas. Il s'agit d'associer mentalement chaque phrase au schéma qui lui correspond.
Temps de recherche.

• **Correction :** un enfant vient au tableau suivre avec son doigt la lecture qu'il fait de la phrase sur le schéma correspondant.

2. Orthographe

• Préparer des phrases comportant des pièges : le dernier mot de la relative ne s'accorde pas avec le verbe qui suit.
Distribuer des feuilles avec les différents schémas.
• 1re étape : dicter la phrase que les enfants doivent écrire sur le support des schémas.
Ex. : « *Le monsieur qui possède une voiture verte est arrivé hier.* »
La disposition particulière de la phrase met ici en évidence la relation entre « le monsieur » et le verbe « arriver ». L'accord saute aux yeux.
• 2e étape : cette fois, la phrase dictée est écrite indépendamment du schéma. Néanmoins, le schéma reste visible pour saisir la proposition principale dans sa continuité et penser à l'accord.
• 3e étape : le support du schéma n'est plus donné en perception.
Inviter à rapprocher mentalement les deux moitiés de la principale pour gérer l'accord.
Annoncer que la prochaine dictée comportera ce genre de piège à déjouer. Inviter les enfants à s'imaginer exploiter ce qu'ils viennent d'apprendre.

3 Troisième séquence : application à la lecture d'énoncés

• Distribuer une feuille avec les différents schémas.
Donner à lire aux élèves des énoncés comprenant des pièges. Le dernier mot de la relative ne doit pas être associé au verbe de la principale.
Ex. : *Les pommiers de Jeannot, qui produisent chacun 150 kg de pommes, sont au nombre de 9.*
La consigne est de recopier la phrase complexe sur le schéma qui lui correspond, afin d'en optimiser la compréhension.

• Chacun réfléchit à ce que signifie l'énoncé, et prépare l'explication qu'il en donnera par des phrases personnelles ou par un croquis.

• **Effacer l'énoncé. Faire cacher la feuille des schémas.**
Chacun réalise sa traduction. Correction.
• Poursuivre avec d'autres énoncés présentant la même difficulté.
- Le trajet dont nous avons parcouru la moitié est de 320 km.
- La course que font les athlètes sur la piste circulaire est de 12 km. Le tour de la piste mesure 4 km.
Amener d'abord les élèves à s'aider du schéma donné en perception (sans qu'on puisse écrire la phrase dessus), ensuite à accrocher mentalement et sans aide les deux morceaux de la principale.
Les enfants qui ont su traduire correctement ces énoncés pourront en construire d'autres dont la structure est similaire, à l'intention des camarades. Cela laisse le loisir d'approfondir le dialogue avec ceux qui se sont trompés.

Identifier le schéma correspondant à la phrase

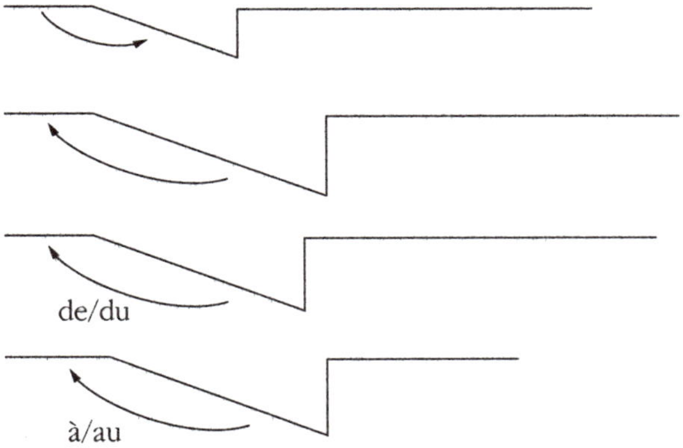

Orthographe

La tentation d'associer *la voiture verte* à *est arrivé* trouve un contrepoids par la représentation schématique.

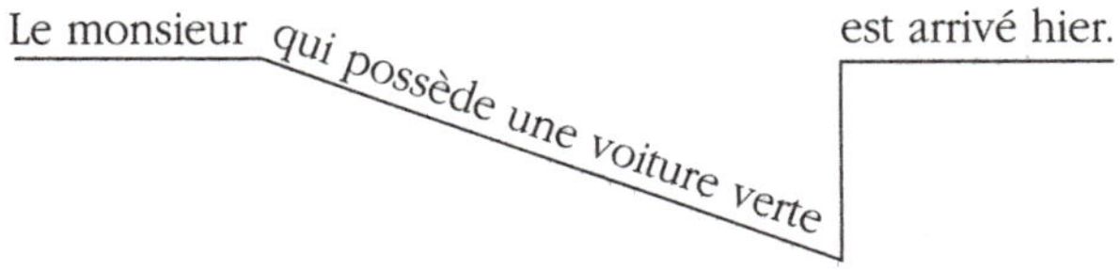

Travail évocatif

On passe progressivement de l'association concrète de deux objets de perception (la phrase et le schéma), à leur association en évocation, enfin au regroupement mental et sans aide des deux parties de la proposition principale.

Lecture d'énoncés

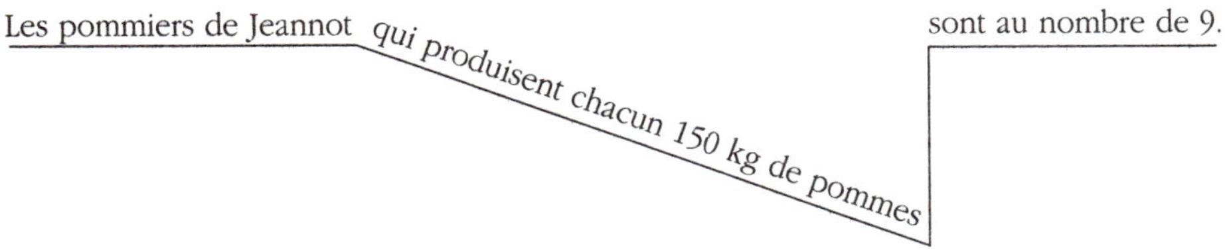

Suppression de l'énoncé et des schémas

Préparation en évocation de la traduction qui sera faite de l'énoncé : si les élèves se contentent de copier la phrase complexe sur les schémas des phrases, ils peuvent rester en perception, « copier juste et traduire faux ».

C'est le cas d'un élève qui a su faire le schéma de la phrase et qui cependant a dessiné chaque pommier avec 9 pommes. Au moment de traduire, il avait omis de s'appuyer sur l'évocation de la phrase disposée pourtant de façon plus compréhensible.

EXERCICES DE RÉVISION

Les séquences de révision doivent permettre d'aborder de manière différente ce qui a déjà été étudié. Une simple reprise serait inefficace. Il s'agit de proposer une mise au point personnalisée pour chaque élève. On note parfois un décalage entre ce que savent théoriquement les élèves et les critères qu'ils utilisent concrètement dans un exercice. Faire émerger les procédures effectives

Objectifs pédagogiques

- **Faire le point sur la connaissance des termes techniques. Identifier ce qui reste encore flou, ce qui doit être corrigé ou complété.**
- **Mettre en évidence les systèmes effectifs que les enfants emploient pour appliquer leur leçon et vérifier leur validité.**

DÉROULEMENT

1 La nature des mots

Principe de l'exercice

• Associer à chaque mot d'une phrase la nature qui lui correspond par un système d'étiquettes.
Chaque enfant dispose d'un jeu d'étiquettes découpées et coloriées : on peut prévoir 3 étiquettes dans chaque catégorie : *nom, pronom, verbe, adjectif, déterminant, adverbe, préposition, conjonction.*
Prévoir aussi 3 étiquettes blanches pour les mots de la phrase non identifiés.

1. Chaque enfant a étalé son jeu sur sa table en faisant une pile pour chaque catégorie. Écrire une phrase au tableau.
Ex. : *Françoise jette avec rage son cartable, elle est très fâchée.*
Chaque élève devra chercher dans son jeu les étiquettes correspondant à chacun des mots.
Temps de réflexion pendant lequel les élèves choisissent mentalement les étiquettes. Au signal, chacun installe la suite des étiquettes conformément à la phrase donnée.
Ex. :
Françoise / jette / avec / rage / son / cartable / elle / est / très / fâchée.
nom / verb. / prép. / nom / dét. / nom / pron. / verb. / adv. / adj.
Si les enfants ne savent quoi placer par rapport à un mot précis, ils placent une étiquette blanche.
• Le principe de l'exercice acquis, donner les phrases seulement à l'oral.

2. Orienter l'exercice vers une argumentation
Demander aux élèves de placer une étiquette en préparant dans leur tête une explication. Ils devront dire comment ils s'y sont pris pour retrouver la nature du mot.
S'ils ne peuvent le formuler, ils mettent une étiquette blanche. Ils auront alors à évoquer le système d'identification utilisé par un camarade et qui les a séduit.
À la fin de l'exercice, chacun relève les classes de mots qui lui ont posé problème, prend le temps de retrouver les moyens de les reconnaître et les écrit sur le cahier d'essai.
• Introduire progressivement des phrases présentant des « pièges » : le même mot est utilisé dans une phrase en tant que nom, dans une autre en tant que verbe ou en tant qu'adverbe :
*Il **marche** rapidement.*
*Il s'est perdu au cours d'une **marche** à travers la montagne.*

Variante

• Montrer une suite d'étiquettes correspondant à une phrase possible.
Ex. : *« pron. verb. dét. nom dét. nom »*
Chacun doit composer une phrase associée à la liste de classes de mots. Faire évoquer auparavant la consigne. On obtient évidemment des phrases aussi différentes que : *« Nous allons au marché ce matin »* et *« J'achète des pommes de terre ».*
• **Échange oral sur les phrases construites.**
On retiendra les phrases comportant des mots inattendus (une dont l'adjectif désigne autre chose qu'un nom de couleur). Chacun retient une phrase juste à laquelle il n'aurait pas pensé et l'écrit sur son cahier.

auxquelles ils ont recours, et dont ils n'ont bien souvent pas conscience, est indispensable si nous voulons les faire évoluer vers une plus grande fiabilité.

Ces exercices de synthèse se prêtent bien aux moments d'études dirigées.
Ils sont l'occasion d'un approfondissement et d'une récapitulation.

Objectifs méthodologiques

- **Explorer les moyens par lesquels les enfants mobilisent leurs connaissances dans le geste de réflexion.**
- **Éviter le recours unique au P2 pour intégrer ce qui n'a pas été compris, guider le travail d'évocation autant vers la procédure que vers le résultat.**
- **Favoriser une compréhension à la fois applicante et explicante. Mettre en relation explication et application.**

COMMENTAIRES

1

Cet exercice peut se pratiquer alors même que les classes de mots n'ont pas toutes été abordées. L'étiquette blanche correspondra à un mot non encore appris. Néanmoins le jeu complet des étiquettes montre aux enfants où ils en sont par rapport à l'ensemble du programme. L'étiquette blanche ménage « un espace mental » qui sera rempli par la suite avec une nouvelle notion.
Choisir des phrases courtes au démarrage.

1. Ménager un temps d'évocation avec la consigne formelle de ne pas toucher aux étiquettes permet aux enfants de ne pas se noyer dans la manipulation. On évite ainsi qu'ils restent en perception. On ne déplace une étiquette que si on sait précisément où la placer.

Ne pas écrire les phrases oblige les élèves à les évoquer et à effectuer le découpage en mots : ce qu'il est important de savoir faire en dictée et qui constitue ici un entraînement. Il s'agit en fait d'associer une évocation en P2 à une évocation en P1.

2. Mise en projet d'expliquer leur procédure.
Les prévenir avant d'effectuer l'exercice de façon à ce qu'ils puissent s'observer.
Il s'agit ici de faire émerger les indices effectifs que les élèves utilisent et qui ne sont pas valables dans tous les cas.
Ex. : la « marche » est identifiée par un élève en tant que verbe. Il s'est dit *« Je peux dire : "je marche, tu marches"… »*

Il n'est pas question de lui interdire cette procédure, il vaut mieux lui montrer dans quel cas elle est inefficace. Il peut garder son système à condition d'y ajouter une vérification (qu'il n'y a pas de déterminant devant).

Les enfants ont tendance à systématiser leurs exemples : pour eux, un adjectif désigne toujours une couleur, ou bien le premier déterminant qui leur vient à l'esprit est « la » ou « une ». Cette recherche officielle de variété les incite à ne pas s'arrêter au premier exemple étudié.

2 Nature et fonction

Principe de l'exercice

Chercher un mot obéissant à une consigne donnée par morceaux précisant sa **nature**, son **genre** et son **nombre**.
La consigne donnée ensuite sur sa **fonction** permettra d'insérer le mot dans une phrase.

1ère étape : identifier le mot

Dessiner la cible suivante au tableau :

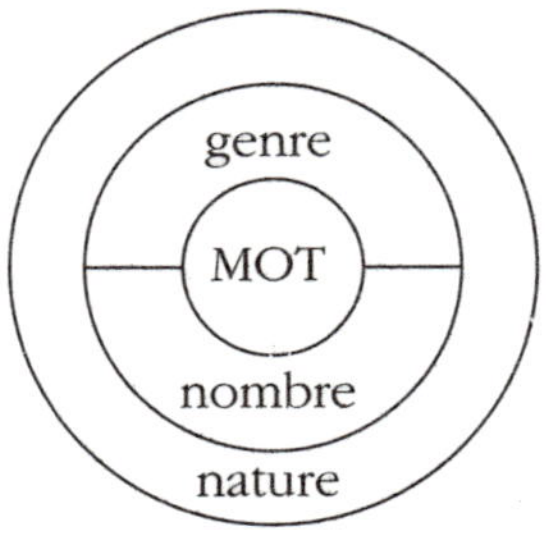

Un petit groupe se charge la veille de préparer la consigne, ils ont le droit pour cela de s'aider du livre.
Un enfant propose une nature de mot (ex. : nom). Un deuxième ajoute un renseignement supplémentaire sur sa nature si c'est nécessaire (ex. : nom commun). Un troisième enfant donne des précisions sur le genre, un quatrième sur le nombre.
Chaque enfant qui ajoute un renseignement répète ceux entendus depuis le début (ex. : *« nom commun féminin pluriel »*).
Chaque fois qu'un renseignement est donné, marquer d'une croix l'endroit de la cible correspondant.
Enfin, chacun cherche dans sa tête un mot adapté à la consigne. On le garde dans sa tête sans le dire.
Si une des données ne rappelle rien à un enfant, il écrit le terme technique sur son ardoise. Il demande à celui qui l'a proposé de l'expliquer, de le dire d'une autre manière (sans donner d'exemple).

2e étape : insérer le mot dans une phrase

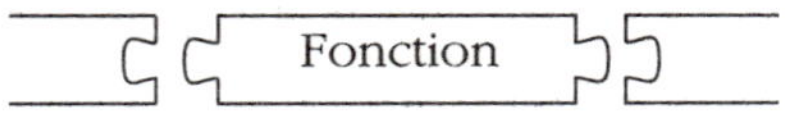

L'enfant qui avait proposé une nature de mot indique maintenant sa fonction. Ex. : *« nom commun féminin pluriel cod du verbe »*
Chacun construit une phrase dans laquelle le mot est inséré en tenant compte de l'intégralité de la consigne.
Les élèves écrivent les termes techniques entendus ansi que la phrase et soulignent le mot de base.

Correction

• **Échange et analyse des erreurs.** Entraîner progressivement les enfants à s'aider les uns les autres. Lorsqu'un élève propose une phrase fausse, chercher avec lui l'origine de cette confusion. Lorsque c'est identifié, les camarades lui expliquent par quelle procédure il peut éviter de renouveler son erreur.
À l'issue de la séance, chacun fait le point de ce qu'il avait oublié ou mélangé et marque sur le cahier de textes ce qu'il devra réviser pour la séance suivante.

La confusion tellement courante entre **nature** et **fonction** vient du fait que ces deux mots sont utilisés essentiellement dans les exercices d'analyse auxquels les enfants ne voient aucune finalité, hormis celle d'un contrôle de connaissances. À quoi sert d'associer les termes de la grammaire à une phrase ? Ils redonnent « en vrac » ce qu'ils ont appris mais ils n'ont pas compris ce qu'apporte le fait de parler de **nature** ou de **fonction**.

Cet exercice inverse le processus. Les enfants réalisent que les termes de la grammaire permettent de parler un langage commun. Ils permettent à tous d'évoquer à partir d'un terme technique, une même idée.
La différence entre nature et fonction est expérimentée : **les renseignements sur la nature permettent d'identifier un mot, ceux sur la fonction permettent de le relier à d'autres.**

1. Cet exercice sollicite le paramètre 3
Il s'agit de tisser des liens entre les données pour les prendre toutes en compte. La cible montre la manière dont les éléments de la consigne s'emboîtent les uns dans les autres, réduisant chaque fois le champ des possibilités ; le rapport d'inclusion est rendu évident.
On peut permettre aux élèves qui ont des lacunes importantes d'ouvrir le livre à la page de la nature du mot proposé. C'est alors, pour eux, un exercice de lecture rapide et de repérage dans les chapitres étudiés. Ils ferment le livre avant que la fonction ne soit donnée.

La consigne doit être évoquée par les élèves dans son intégralité.
L'enfant peut ainsi mieux évaluer si le terme technique est pour lui un mot vide ou s'il désigne un acquis.
L'apparition successive des données permet de tenir compte de chaque terme employé. L'enfant a le temps de transformer son idée pour la faire correspondre à la nouvelle donnée.
Encourager les enfants à demander la traduction d'un terme oublié.

2. La fonction d'un mot dépend la plupart du temps de sa nature
Veiller à ce que l'enfant qui propose la fonction ne la lance pas au hasard.
Les classes de mots se prêtant le mieux à l'exercice sont les noms, les pronoms, les adjectifs, et les adverbes. Ce sont ceux qui entraînent le plus de confusion.

Cet échange à propos des procédures exige un **climat d'écoute** et une discipline qui ne peut s'acquérir qu'au long de l'année.
Travailler une seule consigne au cours de chaque séquence. L'intérêt de ce travail réside dans **l'échange** qu'il suscite. Cela ne doit pas engendrer de lassitude.

Lexique

Activité perceptive : est un geste mental ayant pour but la constitution en objet de connaissance d'une chose donnée à percevoir. C'est d'une confrontation entre les choses perçues et les évoqués produits que l'objet mental tirera sa validité.

Appliquant : est dit appliquant, le sujet pour qui comprendre c'est avoir le projet de saisir le rapport entre une loi, une règle, une formule et la façon de s'y prendre pour les utiliser comme il faut. Ce sujet n'est qu'appliquant s'il n'a pas aussi le projet de saisir le rapport entre cette loi, cette règle, cette formule et les raisons qui la fondent.

Attention : geste mental dont la structure de sens est déterminée par le projet d'évoquer (visuellement, auditivement et / ou verbalement) des choses perçues par la vue, l'ouïe, l'odorat, le goût et le toucher, de telle sorte qu'un objet mental soit ainsi constitué.

Auditive (évocation) : une évocation est auditive lorsqu'un sujet se redonne le perçu sous la forme de sons, de bruits, voix, paroles et discours. Par extension (abus de langage) Antoine de la Garanderie dit d'un sujet qu'il est « auditif », non parce qu'il ne regarderait pas, mais seulement parce qu'il a pris l'habitude d'évoquer auditivement les choses qu'il perçoit, que les choses soient perçues par la vue, par l'ouïe, par le goût, l'odorat ou le toucher. Le terme auditif désigne alors le sujet qui a développé des habitudes évocatives plutôt auditives.

Composant : (voir opposant). On dit d'un sujet qu'il est composant quand, dans les rapports qu'il entretient avec les choses et avec autrui, il a le projet, qui est devenu habituel, de saisir les points de ressemblance, ceux d'accord, qui justifient légitimement ce qu'il peut voir ou entendre.

Compréhension : geste mental dont la structure de sens est déterminée par le projet de comparer des évoqués visuels, auditifs, verbaux, soit entre eux, soit les uns avec les autres, dans le but de faire apparaître des rapports de sens, de similitude, de différence, de cause et d'effet, de moyen et de fin, de contenant à contenu.

Conseils méthodologiques personnalisés : proposition d'évocations, de stratégies, d'itinéraires mentaux dans le prolongement ou dans la complémentarité des habitudes mentales d'un sujet. Ces suggestions sont faites au cours d'un entretien ou d'un dialogue pédagogique, pour que l'intéressé en fasse l'essai mental afin d'élargir ses choix.

Déduction : démarche mentale qui va de la théorie à l'exemple, de la règle à l'application, du général vers le particulier.

Dialogue pédagogique : le dialogue pédagogique est le dialogue entre le sujet apprenant et un pédagogue. Il a pour objet les évocations de l'apprenant et ses procédures d'appropriation du savoir. En ce sens, seules les informations fournies par l'apprenant ou confirmées par lui sont acceptables. Il a pour but d'aider l'apprenant à avoir conscience de ses procédures, le plus souvent pour les rendre plus performantes : l'enquête sur les procédures utilisées permet au pédagogue de proposer à l'apprenant des procédures utilisables, ces dernières étant fonction de la typologie des premières. Et les deux partenaires se chargent d'en vérifier la pertinence par des applications.

Évocation : geste mental par lequel on rend présent à sa conscience des acquis, c'est-à-dire du mémorisé, ou par lequel on exprime par des images, des mots, des reviviscences olfactives, gustatives, tactiles, kinesthésiques, ce qui est le fruit du contact perceptif. Les évocations peuvent être spontanées, c'est-à-dire engendrées involontairement par la perception, ou dirigées : le sujet choisit les évocations qu'il veut construire, et leur enchaînement les orientera vers une efficacité précise, un but recherché. D'autres encore sont dites vagabondes : le sujet les enchaîne selon des associations d'idées libres.

Expliquant (voir appliquant) : est dit expliquant le sujet pour qui comprendre, c'est avoir le projet de saisir le rapport entre une loi, une règle, une formule et les raisons qui les fondent et qui ont permis de les établir.

Geste mental : les gestes mentaux sont des activités du cortex cérébral. Ils sont au nombre de cinq : l'attention, la mémorisation, la compréhension, la réflexion, l'imagination. Ils utilisent les évocations et s'articulent entre eux en des stratégies mentales différentes selon les individus.

Habitude mentale : chacun met en place très tôt des méthodes personnelles de traitement de l'information : des **évocations** qu'il fait spontanément et prioritairement, qui lui sont familières et coutumières ; des **gestes mentaux**, des enchaînements privilégiés. Ces méthodes personnelles sont devenues des habitudes mentales. Mais il est toujours possible, à tout âge, d'acquérir de nouvelles méthodes.

Imagination créatrice : geste mental d'accueil et de provocation de l'inédit, de l'inattendu. La gestion mentale distingue deux directions possibles données au regard porté sur les choses :
- ce qui est caché mais qui existe pour les **découvreurs**,
- ce qui n'existe pas encore pour les **inventeurs**.

Induction : démarche mentale qui va du particulier vers le général, de l'exemple à la règle, de l'exercice à la théorie.

Introspection : c'est une démarche d'observation intérieure. Le sujet observe ses procédures mentales dans l'accomplissement d'une tâche intellectuelle. Il rapporte aussi fidèlement que possible ses observations, soit pour lui-même soit pour répondre aux questions d'un pédagogue ou d'un thérapeute en dialogue pédagogique.

Itinéraire mental : enchaînement des évoqués qui constituent une réponse mentale à un problème donné.

Mémorisation : geste mental d'anticipation par la pensée des occasions et condition de réutilisation de ce que l'on est en train d'apprendre. Mémoriser c'est lancer dans un imaginaire d'avenir ce que l'on veut y retrouver.

Opération mentale : toute opération mentale est un geste mental qui a un déroulement qu'on peut décrire. Conceptualiser, juger, raisonner sont le fruit d'opérations mentales, donc de gestes mentaux dont on aura l'intelligence si l'on prend soin d'en décrire le déroulement du début à la fin.

Opposant (voir composant) : on dit d'un sujet qu'il est opposant quand, dans les rapports qu'il entretient avec les choses et avec autrui, il a le projet, qui lui est devenu habituel, de saisir les points de différences, de désaccord, qui font ressortir l'injustifiable, l'illégitimité de ce qu'il peut voir ou entendre. Si ce projet est exclusif, le projet de sentir les points de ressemblances et d'accord ne sera pas pris en compte et ces points seront méconnus par le sujet.

Opposant et composant : être à la fois opposant et composant est possible pour tout sujet. C'est là une question de contraction d'habitudes évocatives, c'est-à-dire de gestion mentale.

Paramètre : terme qui désigne des variations de qualité des évoqués. Non seulement les évoqués varient dans leur contenu, visuel, auditif ou verbal, mais aussi dans leur forme, concrète, abstraite, symbolique.
On distingue des évocations concrètes de personnes, gestes, scènes (P1), des

évocations de codes, de mots, de chiffres, de schémas simples (P2), des évocations de liens logiques : analogies, appartenance, sériation spatio-temporelle (P3), des évocations de liens originaux (P4). Ces liens logiques ou originaux peuvent se déployer sur des évocations concrètes (P1) aussi bien que sur des évocations de codes (P2).

Perception : un sujet prend connaissance de son environnement par ses cinq sens. La perception est la transcription immédiate faite par le cerveau des données fournies par les organes des sens en présence de l'objet perçu.

Profils pédagogiques : enquêtes conduites auprès des personnes qui veulent connaître leurs habitudes évocatives, autant pour identifier les contenus évoqués (principalement visuels, verbaux ou auditifs) que les structures de sens donnés à ces évoqués par les projets qui en sont l'origine, dont l'analyse de l'acte de compréhension, notamment, permet de faire l'inventaire.

Projet mental : à l'origine du geste mental, il faut mettre le projet, c'est-à-dire le pouvoir d'anticiper le déroulement du geste et du but qu'il vise à atteindre. Pour que le projet ait toute l'efficacité voulue, il faut qu'il prenne en compte et le but et les moyens. C'est une programmation ou anticipation, c'est une direction donnée par le sujet à son activité mentale, soit par habitude, il est alors automatique, soit intentionnellement, il est alors conscient.

Projet de sens : anticipation pour qu'un geste mental puisse procurer le jaillissement du sens, c'est-à-dire la saisie d'un rapport de ressemblance, de différence, de causalité, etc.

Réflexion : geste mental dont la structure de sens est déterminée par le projet de faire retour sur des acquis pour les confronter à un problème, à une question, dans le but d'en comprendre le sens, c'est-à-dire de faire apparaître entre les acquis évoqués et le problème ou la question des rapports de similitude, de différence, etc.

Structure de projet de sens : ce sont les formes d'anticipation qui doivent commander les gestes mentaux de l'activité cognitive, c'est-à-dire de l'attention, de la mémorisation, de la compréhension, de la réflexion et de l'imagination. C'est en effet par ces différentes formes d'activité que le sens peut être saisi ; en dehors de ces formes d'activité, il n'y a pas de saisie de sens possible.

Verbale : (évocation verbale) discours intérieur que le sujet se tient à lui-même. Ce discours peut prendre les propos d'autrui, plus ou moins fidèlement, mais la voix est celle du sujet qui évoque. Ce discours intérieur peut aussi être original, fabriqué par le sujet au fur et à mesure que sa pensée se déroule. Ce discours peut décrire ce que le sujet voit, a vu, a entendu, commenté, construire un argumentaire, inventer des histoires, etc.
Par extension (abus de langage) Antoine de la Garanderie dit d'un sujet qu'il est « verbal », non parce qu'il n'utiliserait que les paroles qu'il entendrait dire, mais seulement parce qu'il a pris l'habitude d'évoquer les choses qu'il perçoit en se les parlant.
Le terme « verbal » désigne alors le sujet qui a développé des habitudes évocatives plutôt verbales.

Visuelle (évocation visuelle) : une évocation est visuelle lorsque le sujet se redonne le perçu sous forme d'images, de mots écrits, de schémas ou autre figuration créative.
Par extension (abus de langage) Antoine de la Garanderie dit d'un sujet qu'il est « visuel » non parce qu'il n'écouterait pas, non pas parce qu'il aurait une forme d'hérédité qui le porterait à n'utiliser que ce qu'il pourrait apprendre par la vue, mais seulement parce qu'il a pris l'habitude d'évoquer visuellement les choses qu'il perçoit, que ces choses soient perçues par la vue, par l'ouïe, par le goût, l'odorat ou le toucher.
Le terme « visuel » désigne alors le sujet qui a développé des habitudes évocatives plutôt visuelles.

ANIMAUX

LE DIODON

**Il a l'air d'un poisson comme les autres.
Pourtant quand il est en danger, le malin diodon sait se déguiser.**

1
Le diodon vit dans les mers chaudes, au milieu du corail. Il nage paisiblement, se nourrissant, de-ci, de-là, de quelques coquillages qu'il broie avec sa puissante mâchoire.

2
Son corps est trop rigide pour onduler comme celui des autres poissons. Seules ses minuscules nageoires l'aident à se déplacer. Le diodon n'est pas un athlète !

3
Un requin ! Pffft, tout être vivant disparaît sauf notre diodon qui s'immobilise.

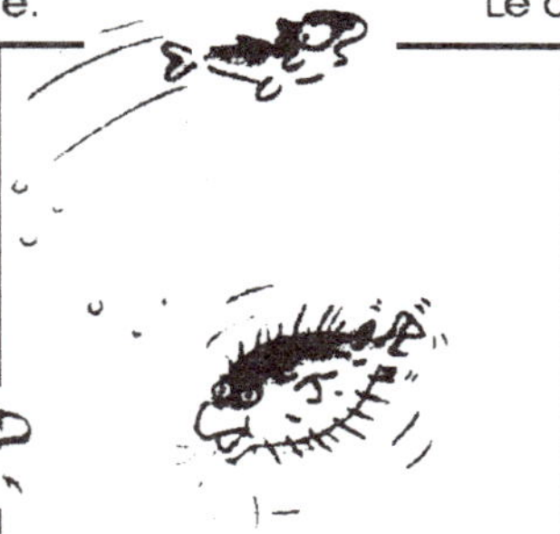

4
Il avale de l'eau et se met à gonfler, gonfler... Comme s'il voulait se faire aussi gros que le requin...

5
Ses épines se dressent toutes droites. Le diodon devient une redoutable pelote d'épingles !

6
Le requin se détourne de ce mets qui lui semble vraiment indigeste. Heureusement, car ainsi enflé, le diodon est bien embarrassé. Il est incapable de nager !

7
Hélas, ce déguisement trompe les requins mais pas les pêcheurs. Avec leurs gants, ils attrapent facilement ce drôle de poisson qui ne sait plus nager !

TABLE DES MATIÈRES

Les fiches sont présentées en doubles pages. Le descriptif technique du déroulement de la séquence est mis en parallèle avec les commentaires sur les éléments de la gestion mentale qui ont présidé à son élaboration.

Suivi éditorial : Dominique Maurel
Mise en page et composition : Studio Primart

N° Éditeur 10093852-(III)-(3,8)-BSBP 80° - Dépôt légal : Avril 2002
Imprimé en France par I.M.E. - 25110 Baume-les-Dames - N° Imprimeur : 15627